# 自然に生きる

不要なものは何ひとつ持たない

辰野 勇



角川新書

# はじめに

## 「勉強ができなくても、スポーツができなくても、山がある」

私の生家（大阪府堺《さかい》市）から30キロほど離れた場所に、金剛山《こんごうさん》（標高1125メートル）という山があります。

この山は、生駒《いこま》山系に続く金剛・葛城《かつらぎ》山系の主峰です。頂上は奈良県に含まれますが、「大阪府下の最高峰」と位置付けられています。堺市に住む私にとっても身近な山で、子どもの頃からいつも眺めていました。

私が卒業した小学校では、学校行事の一環として、雪の積もった金剛山で耐寒登山を行っていました。長靴に荒縄を巻いて、山頂まで2時間ほどの雪道を登るのです。

事故のないように、子どもたちは前もって校医の検査を受けます。検査の結果、私は連れて行ってもらえないことになりました。体が弱かったからです。金剛山に登れないとわかったときのショックは、とても大きなものでした。

その悔しさが、コンプレックスとして、私をより強く山へ向かわせるきっかけになったのだと思います。中学校に上がると少しずつ体力がついてきたので、近所の子どもや甥《おい》っ子を引き連れ、金剛山に分け入るようになりました。

山を吹き抜ける風、鳥のさえずり、谷水の冷たさ。見るものすべてが新鮮でした。明治初期までは、金剛山伏と呼ばれる修験者（山へ籠《こ》もって厳しい修行を行うことにより、悟りを得ようとする者）たちの修行場であっただけあり、山は奥深く、私は、大自然の中に踏み込んでいく冒険家のような気持ちになりました。はじめて自分の足で頂上に立ったときは、山男たちの仲間入りができたような、誇らしさを覚えたものです。

中学時代は、春も夏も秋も冬も、毎月のように金剛山に登りました。私の身近には山登りを教えてくれる経験者はいません。すべて自己流だったので、失敗もたくさんありました。

焚《た》き火が燃料に引火して火を吹き、髪の毛をチリチリにこがしたこともあります。道を失って藪《やぶ》の中をさまよい続けたこともあります。本格的な登山とは言い難く、「探検ごっこ」の延長でしかありませんでしたが、それでも、自然の中で過ごす楽しさを存分に味わうことができました。

登るたびに好奇心を揺さぶられ、冒険心をくすぐられ、私は少しずつ、「山は自分の居場所である」ことを自覚するようになったのです。

「勉強ができなくても、スポーツができなくても、俺には山がある」

学校では落ちこぼれでも、山に入れば自分の力に自信が持てる。学友と比較されることもない。山が私の心を癒《い》やし、励ましてくれたのです。

## 自然には心の浄化作用がある

アメリカ・ユタ大学の認知心理学者、デビッド・ストレイヤー氏は、「人間の脳は疲れ知らずの機械ではなく、簡単に疲弊してしまう。しかし、日常の雑務を中断して自然環境に身を置けば、元気を取り戻せるだけでなく、知的能力も向上する」と述べています。

ストレイヤー氏は、心理学専攻の学生22人と一緒に、ユタ州の峡谷でキャンプを実施しました。その結果、手つかずの自然の中を3日間キャンプしながら歩き回ったグループは、問題を創造的に解決する能力が5割も高まったそうです（『ナショナル ジオグラフィック』2016年5月号）。この、自然の中にゆったりと浸ったときに起きる精神的な浄化作用のことを、ストレイヤー氏は「3日効果」と呼んでいます。

青年時代、会社勤めの仕事を終えたあと、最終電車に飛び乗って六甲《ろっこう》山に向かいました。懐中電灯の電池を惜しんで、星明かりだけを頼りに、登山道をひとり黙々と歩く。頭上には満天の星。岩山のてっぺんから見下ろすと、下界の夜景が輝いていました。

そして、下界の人々の暮らしを俯瞰《ふかん》したとき、こう思えました。

「あの光の粒のひとつひとつに、人の営みがあるのだな。上から見ると、人間はなんてちっぽけな存在なのだろう。クヨクヨすることもあるけれど、自分の悩みなんて、たいしたことない」

テントを張ってシュラフにもぐり込むと、漆黒の闇の中、いつしか眠りについていました。そして、夜が明け、朝陽で目を覚ますと、ストーブに火をつけて湯を沸かす。朝食は、駅の売店で買った菓子パンです。

最小限の荷物をザックに詰め込んで、質素だけれど極上の自然を楽しむ。

ひとりだからこそ味わえる沈黙の時間に身を置く。

日常生活の煩わしさから逃れて、自然の中にひとり身を置いてみる。

岩の上に腰掛けて、空を見たり森を眺めたりしていると、心がじわじわと解き放たれていきます。

## 自然の中に身を置くと、野性が蘇る

人間も、自然の一部です。

美しく、ときには厳しい自然環境に身を置き、その大切さを実感する。すると、自然に生かされていることに気づかされます。

以前、旭山《あさひやま》動物園（北海道）の坂東元《ばんどうげん》園長（当時）から、オランウータンの生態についてうかがったことがありました。

オランウータンのように知能の発達した動物でも、「心配」という概念を持っていないそうです。人間と違って、「あの木に飛びつくのは危険ではないか。落ちたらケガをするのではないか」と余計な心配をせず、「目の前の状況をどうクリアしていくか」だけを考え、一瞬一瞬を生きているというのです。一方、人間（ホモ・サピエンス）には、「見えていないことを頭の中で想像する」という能力（＝想像力）があります。人間と野生動物との違いのひとつが「想像力」だといいます。

想像力は人類の進化を促しました。しかし、想像力を持ったからこそ置き去りにしてきたものがあります。それは、「『今』を生きようとする姿勢」です。人間がクヨクヨするのは、想像力があるからです。想像力がネガティブな方向に向かえば、不安に駆られて悲観的になります。「まだ起きてもいないこと」を心配するようになります。

人間は想像力のほかにも、野生動物が持たない能力を有しています。それは、言語化能力です。京都大学前総長で霊長類学者・人類学者の山極壽一《やまぎわじゅいち》氏と対談する機会をいただきました。山極氏は、ゴリラ研究の第一人者です。

私が山極氏に、「ゴリラやチンパンジーは、今この瞬間を生きていて、加齢などで能力が損なわれても、それを受け入れていくそうですね」と質問をすると、「ゴリラでも落ち込むことはあります」と教えてくださいました。

おもしろいことに、自分の本来の衝動が発揮できない状況では、引きこもってしまうゴリラもいるそうです。しかしゴリラは、落ち込んだとしても、今の自分と過去の自分を比べて、「不幸になった」と悲観することはありません。山極氏は、「ゴリラにも記憶があります。ですが言語を持たないため、過去の記憶を再現できません」と述べています。「以前、フランシーヌ・パターソンという発達心理学者が、マイケルという雄ゴリラに手話を教える実験をしたことがあります。マイケルは見事に手話を覚えたそうです。パターソン氏が試しに、アフリカにいたころの状況を聞くと『お母さんが首を切られて殺されてしまった』と手話で表現したというのです」（『OUTWARD』No.84より引用）

ゴリラにも過去の記憶は残る。けれど、言葉を持たないから想起することがないため、過去をあまり振り向かない。ゴリラは、今を生きています。

一方、人間は、過去を確認して落ち込んだり、喜んだりします。

人間も本来、オランウータンやゴリラと同じで、余計な心配や詮索《せんさく》、推測、憶測をせず、今を一所懸命に生きる力を持っていたはずです。ですが、想像力と言語化能力に依存しすぎた結果、その力が薄れているのではないでしょうか。

「自然の中に身を置くこと」で、本来身につけていたはずの「今を生きる力」を呼び戻すことができるように思います。私は山に登るたび、森に入るたび、川を下るたび、そんな瞬間を感じることがあります。

２００９年12月24日に、大腸の内視鏡検査を受けました。定期検診で便に潜血が見つかったからです。内視鏡で腸管内を見ていくと、キノコ状のポリープがあらわれました。病理検査を行うために、内視鏡でポリープの一部を採取。生検の結果は正月明けに聞かされることになりました。

「ガンだったらどうしよう？」。人の命に限りがあることは百も承知でしたが、いざその現実を突きつけられたとき、自分でも驚くほどうろたえました。

若いときから命がけの登山やカヌーに挑んできたのに、これほど取り乱すとは思いませんでした。

１月５日に生検の結果を知らされました。

大腸ガンでした。心が押しつぶされそうになりました。

手術は１月28日に決まりました。先生は「初期のガンなのでリンパ節への転移はない」と説明してくれましたが、悪い想像ばかり膨らんでいきました。

「62歳まで好きなことをやらせてもらえたのだから、たとえここで死ぬことになっても、幸せな人生だったのではないか……」

そんなことを考え、死に対する心の折り合いをつけようとしました。

生と死の狭間《はざま》で揺れる私の心を救ってくれたのが、「自然の存在」でした。

山の中を歩いているとき。新幹線の車窓から富士《ふじ》山が見えたとき。自然に触れたとき、心に絡みついていた恐怖心がスーッとなくなっていきました。そして「今の自分」「今の状況」を受け入れることができたのです。

それは、理屈では説明できない穏やかな感覚でした。

山極氏によると、ゴリラは自分に与えられた状況が死に向かおうとも、それを受け入れて淡々と過ごしているように見えるそうです。

あのときの私は、自然の作用によって「今を生きる力」を呼び起こし、自分の状況を素直に受け入れることができたのです（手術は成功し、その後、先生から「このガンで死ぬことはない」とお墨付きをいただきました）。

自然の中に身を置くことで、自分の中に眠る野性を呼び覚ますことができたのです。

青年時代、会社勤めの仕事を終えたあと、
最終電車に飛び乗って山に向かった。
懐中電灯の電池を惜しんで星明かりの下、
登山道を独り黙々と歩いた。
頭上には満天の星空。岩山のてっぺんから
見下ろす下界の夜景が眩《まぶし》かった。
人の暮らしを俯瞰して、
「日ごろの悩みもちっぽけなこと」と思えた。
お気に入りの河原にテントを張って
シュラフにもぐり込む。
漆黒の闇の中、いつしか眠りについていた。

夜明けの朝陽で目を覚まし、
　ストーブに火をつけて湯を沸かす。
朝食は駅の売店で買った菓子パンだ。
独りだからこそ味わえる沈黙の時間。
最小限の荷物をザックに詰め込んで、
　質素だが極上の自然を楽しむ。
こんなシンプルな生き方がいい。
Light and Fast
Function is Beauty
あなたもたまには
「24時間の自然」を楽しんでみませんか？

# 目次

## 第2章　不要なものは何ひとつ持たない　61

## 第3章　山には文学がある　79



## 第4章　ただ「一歩先」へ　95

編集協力　藤吉　豊
本文図版　ニッタプリントサービス

# 第1章　24時間の自然を満喫する

## キャンプのすすめ

日帰りのハイキングも楽しい。でも、太陽の照っている時間だけ山を歩くのでは、1日の半分以上を享受していません。

1日24時間、異なる表情を見せてくれる自然を満喫しませんか――。

湖面から湧き立つ朝霧。
モルゲンロート（朝焼け。朝日の出る前に山肌が赤く染まること）とアーベントロート（夕焼け。夕日が山肌を赤く染めること）。
流れ星の光跡。虫の音色がつくり出すシンシンとした夜の静寂……。
キャンプをすれば、ゴールデンタイムともいうべき朝夕や、夜の自然現象すべてを受け取ることができます。

『モンベル・アウトワード・コラム』（「BAYFM」のラジオ番組『ザ・フリントストーン』内のミニコーナー）でご一緒している仲川希良《なかがわきら》さん（モデル・フィールドナビゲーター）は、

番組内で次のようにコメントされていました。

「はじめて山の中で泊まったときは、夜ってこんなに暗いんだ。ただそのことにすごく驚いた覚えがあります。キャンプをすれば、テントの幕１枚越しに自然の時間が流れているのを感じます」

仲川さんが「夜の本当の暗さ」と、「外気に包まれる心地よさ」を実感できたのは、テント泊を通して24時間、自然を満喫したからです。

山を五感で感じて、自然を自分の中に取り込む。そうすることで、自分をリセットできます。

建物で囲われた日常から離れて、自然に身を置く。自然の奥深さ、厳しさ、多様さに対《たい》峙《じ》するのがキャンプの醍醐味《だいごみ》です。難度の高い山に挑戦しなくても、非日常の世界に飛び込まなくても、「日常」の中でも自然を享受できます。

私たちは、「自然」＝「山（森）などの遠い場所」にあると考えがちです。

しかし、自然は「どこにでも」あります。コンクリートジャングルの中でさえ、自然は存在しています。

以前、ビルの屋上でテント泊をしたことがありました。

屋上には土も木もない。もちろん、ビルの屋上と山や森では、「自然」のレベルも違います。

けれど、都会にも空があって、流れる雲もある。

太陽の光を浴びることも、風の音を聞くことも、星空を眺めることもできます。

都会に自然がないのではなく、私たちが気づいていないだけなのかもしれません。

自然を感じるセンサーを働かせてみる。目を凝らし、耳を澄ましてみる。すると、日常生活の中にも、自然とのつながりを見出《みいだ》すことができるはずです。

人間の体内には、心の虚《むな》しさを埋め、自分らしさを取り戻し、生きる力を育《はぐく》むための「体内スイッチ」が備わっているのではないでしょうか。

自然を感じたとき、そのスイッチがオンになり、雑念がオフになり、心が解き放たれます。

山に登らなくても、森に行かなくても、空を見上げ、流れる雲を目で追うだけで、自然と「体内スイッチ」をオンにできるのです。

自然の中に身を置く

## 楽しみ方は、人それぞれ

キャンプの楽しみ方は、人それぞれです。「こうしなければいけない」という決まりはありません。「キャンプには焚《た》き火」「バーベキュー」という思い込みは捨てて、好きに楽しめばいい。

ポータブル電源を持ち込んでゲームやカラオケに興じるのも、タブレット端末で映画を観るのも自由です（ただしその行動が他人に影響を与えないこと、迷惑にならないことが基本です）。

「家でできることをキャンプ場でやって何の意味があるのか」といった意見もありますが、キャンプに正道も邪道も、正解も不正解もありません。私の提案も、あくまで楽しみ方のひとつです。「自分のキャンプ」を楽しんでください。

今から20年以上前に、キャンプイベントに参加したことがありました。

私が登山用のテントを地べたに張って、しゃがんで、小さなコッヘル（携帯用の調理器具）で食事をつくっていると、となりのグループはテーブルとイスとコンロを用意して、バーベキューを盛大に楽しんでいました。

その格差に少し圧倒されながら（笑）、内心、「あんなに豪勢に楽しむ人たちもいるのか！」と戸惑ったことを覚えています。面倒くさがりの私にバーベキューセットを持ち込むという発想はなかったからです。

私のキャンプは、いたってシンプルです。どちらかといえば「野営」に近い（笑）。グランピング（「グラマラス」と「キャンピング」を掛け合わせた造語。オーナーロッジタイプのテントで豪華な食事を楽しむリゾートスタイルのキャンプ）のような優雅さとは真逆です。荷物も最小限で最低限。山行中の動きやすさを考えると、荷物は少ないほうがいいので、快適さを多少犠牲にすることになっても構わない。

テントさえ持たずに、タープ（日差しや雨を防ぐ大きな布）だけで寝ることもあります。タープは軽量であるだけでなく、テントと違って底がないので不整地でも設営でき、その場に合わせた張り方ができます。

岩がゴロゴロした河原にタープを張って、岩の間で寝る。多少眠りづらくても、テントのように四方を囲まれていないので、自然をダイレクトに感じることができます。

私の場合、キャンプに豪華さを求めてはいません。なぜなら、キャンプそのものが目的ではないからです。

私にとってキャンプは、目的を達成するための手段です。

カヌーで川下りをする。山道を散策する。写真を撮る。自転車に乗る……。キャンプそのものが目的ではなく、アクティビティを楽しむための宿泊手段がキャンプです。

ですからキャンプは、シンプルなスタイルを好みます。

仮に、「キャンプ」や「バーベキュー」だけが目的なのであれば、庭先や河原でも、楽しむことができます。

## 静寂の中で得られるもの

以前、21日間の行程でグランドキャニオン（谷底を流れるコロラド川）を下ったことがあります。

グランドキャニオンで野営の準備

参加メンバーは20名。キャンプサイトはもちろん行動中も楽しい話題が尽きませんでした。

ゴールを目前に控えた旅の終わりに、ガイドが、次のような提案をしました。

「今から5分間、ひと言もしゃべらずに、自然を感じてみませんか?」

私たちは会話に夢中になっていて、自然の音に耳を傾けることを忘れていたのです。

全員が沈黙したとたん、自然の音が聞こえてきました。

人の声も人工的な音もなく、聞こえてくるのは川の音、風の音、鳥のさえずり……。

自然と1対1で向き合う時間でした。

この経験をしてから、私が案内するエコツアーでも、「沈黙の時間」を持つようにしました。

ツアーの最終日に、参加者同士距離をあけて草原に座り、空を見上げ山を眺めながら、旅を振り返ってもらうことにしました。5分間、声を出さず、自然と対話してもらいます。感動のあまり涙を流す参加者もいました。

キャンプ場でカラオケをしてもいい。音楽を聴くのもいい。

ですが、せっかく自然の中にいるのですから、日常的な音や音楽で耳をふさいでしまうのは、もったいない。

言葉も音楽もない「沈黙の世界」にも、自然の音があります。「sound of silence」に耳を傾けてはいかがでしょう。

## はじめてのキャンプ――「衣・食・住」

「必要なものは何ひとつ忘れてはならない。しかし不要なものは何ひとつ持って行ってはならない」のが登山の原則です。

そして、それはキャンプも同様です。

「限られた道具だけで、快適な居住空間をつくること」――特にソロキャンプの場合は、衣食住のすべてを自分ひとりで担ぐことになるので、必要最小限の道具選びと工夫が必要です。

自然の中で、快適性と安全性を担保するのがウエアとギア（道具）です。

キャンプをはじめるにあたって知っておきたい、登山における「衣・食・住」の基本的な考え方（用具の選び方）について紹介します。

【衣】

◉ウエア

天候や気温の変化が大きく、運動量による温度調節が必要となる登山では、適切なウエア選びが大切です。

登山のウエア選びの基本は「レイヤリング」。

異なる役割を持つウエアを、「アウターレイヤー」「ミドルレイヤー」「ベースレイヤー」の3つの層に分けて重ね着することで、外部環境から体を守り、快適性を保つことができます。

・アウターレイヤー：雨・風・雪などから体を守る
・ミドルレイヤー：保温性を確保しながら、ウエア内をドライに保つ
・ベースレイヤー：汗を素早く吸収拡散し、汗冷えを防ぐ

山の天気は変わりやすいものです。雨で体を濡《ぬ》らしてしまうと低体温症になる危険があ

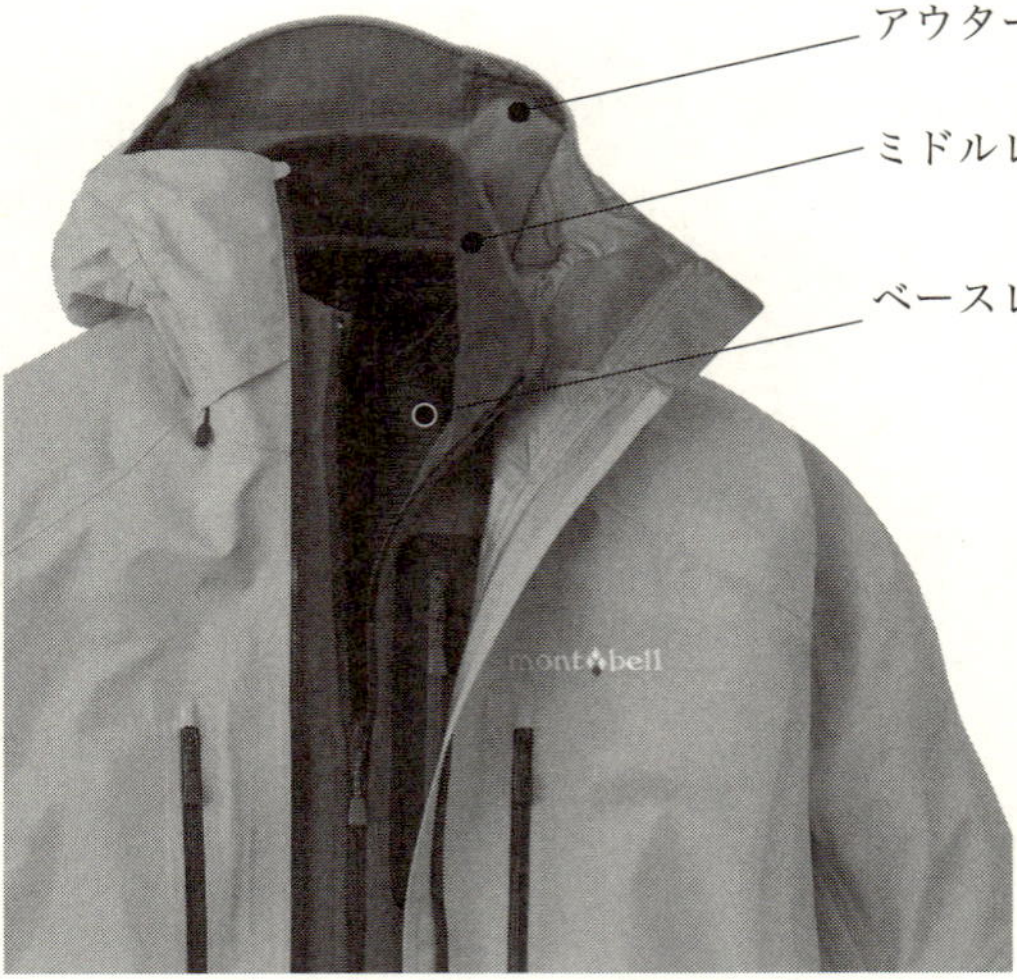


るので、レインウエアは必ず持っていきます。

防水グローブや帽子があれば、雨の中でも快適に行動できます。

◉ザック

容量は必要な装備の量に合わせます。選ぶときに重要なのは、バックパックの背面の長さです。自分の体に合っていないと、肩や腰などの重量バランスが悪くなり、負担が大きくなります。小さなザックにギュウギュウに荷物を詰め込むのではなく、余裕をもって少し大きめのザックに収納したほうが担ぎやすいです。

・日帰り登山：15〜25リットル程度の小型ザック
・小屋泊登山：30〜45リットルの中型ザック
・テント泊登山：50〜60リットルの大型ザック

行動中にあまり使用しないもの、軽くてかさばるものを一番下に、重いものを真ん中に、よく使うものや小物を一番上に入れるのが、パッキングの基本です。

◉フットウエア
フットウエアは、ローカット・ミドルカット・ハイカットと足首まわりの高さで大きく3種類に分けられます。

・ハイカット：荷物の重いテント泊登山や足場の悪い登山向き
・ミドルカット：日帰りの低山や、荷物の少ない小屋泊登山向き
・ローカット：比較的平坦《へいたん》なコースの低山ハイキング向き

クッション性の高い厚手の靴下も重要な装備です。登山靴を購入する際は、実際に使用する靴下で試し履きをしましょう。

【食】

◉ガスバーナー

ガスバーナーを選ぶポイントは、次の３点です。

・小さく軽量で、携帯性に優れている
・高い火力と低燃費（燃焼効率のいいもの）
・操作が簡単で扱いやすい

ソロキャンプで火を扱うのなら、コンパクトタイプのバーナーが便利です。

◉クッカー（コッヘル）

クッカーとは、携帯用の小型調理器具（鍋《なべ》、フライパン、シェラカップなど）。チタンやアルミニウム製のクッカーなら、軽量で、調理が素早く行えます。

モンベルでは、クッカーと熱効率の高いストーブ（ガスバーナー）を一体収納型にした調理器具「ジェットボイル®」を発売しています。

## 【住】

### ◉テント

テントを選ぶときの基準は、おもに次の4つです。

・軽さ
・居住空間の広さ
・立てやすさ
・耐風性

熱効率が高く、すぐにお湯が沸く「ジェットボイル®」

◉寝袋

泊まる場所や、その時期の気温に対応した保温力のものを選びます。寝袋の素材は、おもにダウンと化繊綿の2種類あり、それぞれ次のような特徴があります。

・ダウン：重さあたりの保温性に優れ、収納時もコンパクト。一般的には濡れるとかさ高が減り保温力が落ちるが、撥水《はっすい》性に優れた高性能ダウンもある
・化繊綿：綿状にした化繊綿を封入。軽さやコンパクト性においてはダウンに劣るが、濡れても乾きが速くかさ高を維持できる

ストレッチ性（伸び縮み）の高い寝袋は、隙間を残さない構造になっているため保温効率に優れています。さらに、就寝中の無意識な体の動きが妨げられないため、窮屈感を覚えることもありません。

◉シュラフカバー
シュラフカバーは、寝袋の上から被《かぶ》せるカバーです。雨水・結露による寝袋の濡れを防ぎ、保温効果を高める役割があります。
複数泊する場合や天気の悪いときは、テント内が蒸れやすいので、寝袋にシュラフカバーをかけて寝袋を結露から守ります。
山小屋の寝具利用の際、併用すれば衛生面でも安心です。

◉スリーピングマット
スリーピングマットは、寝袋の下に敷くマットです。
マットを敷くことで、地面の凹凸や小石などの突起物による体へのダメージをやわらげてくれるほか、地面からの冷えを緩和してくれます。ぐっすり眠って気持ちの良い朝を迎えるためには、スリーピングマットの携行は必須《ひっす》です。

◉ランタン

暗闇のテント場では、コンパクトなランタンが役立ちます（ヘッドライトを兼用して使うこともできます）。

【その他のアイテム】

◉紫外線から身を守るアイテム

強い紫外線を浴びる登山では、帽子・サングラスを着用します。日差しを遮るもののない稜線《りょうせん》では、特に注意が必要です。グローブは手を日焼けやケガからも守ります。

◉その他の備えるアイテム

ヘッドライトは、山で夜行動するための必携品です。日帰りの登山でも、何が起こるかわかりません。非常用にも必ず携帯しましょう。

そのほかに、緊急時に役立つアイテム（ホイッスル・救急用品）や携帯トイレ、トイレットペーパー、ナイフなどをザックに入れておくと安心です。

◉山登りが快適になるアイテム

疲労を軽減するためには、サポートタイツやトレッキングポールなど、歩行をサポートしてくれるアイテムが役立ちます。

ハンズフリーで水分補給できる水筒や、サプリメントなども有効です。

## 【キャンプスタイル別の装備、楽しみ方のポイント】

◉サークルキャンプ

サークルキャンプは、私が提唱するキャンプメソッド（方法）です。ひとり用テントの入口を中央に向けて、放射状にテントを設営するスタイルです。

テントの設営や食事など、身の回りのことは個人が自立して行うのでソロキャンプを楽しめると同時に、グループの楽しさも享受できます。事前の共同装備の分担や打ち合わせ

テント入口を中央に向け放射状に設営するサークルキャンプ

の必要はありません。

夜には気が向いた人だけがテントの入口から顔だけ出しておしゃべりをして、眠くなった人から1人、また1人とそれぞれのタイミングで寝袋に入っていきます（十分なスペースのあるテント場を選んでください）。

◉山小屋

登山をはじめたばかりの初心者にとって、山でキャンプをするのはハードルが高く感じられるかもしれません。

森林限界（高木が生育できず森林を形成できない限界線）を超えるような高山にはじめて登るときは、まずは山小屋の利

無雪期登山を想定した装備リストです。対象とする山域、時期、天候により、適した装備が異なる場合があります。現地に問い合わせるなど入山前の下調べをおすすめします。

| | チェック✓ | アイテム | 日帰り登山 | 小屋泊登山 | テント泊登山 |
|---|---|---|---|---|---|
| 携行品 | | コンパス | ★ | ★ | ★ |
| | | 地図＆マップケース | ★ | ★ | ★ |
| | | 時計 | ★ | ★ | ★ |
| | | タオル（手ぬぐい） | ★ | ★ | ★ |
| | | 洗面用具 | ○ | ★ | ★ |
| | | ロールペーパー・携帯トイレキット | ○ | ○ | ○ |
| | | ガベッジバッグ（ゴミ袋） | ★ | ★ | ★ |
| | | ライター・防水マッチ | ○ | ○ | ★ |
| | | 保温ボトル | ○ | ○ | ○ |
| | | ＧＰＳ・高度計 | ○ | ○ | ○ |
| | | 筆記用具 | ○ | ○ | ○ |
| | | カメラ | ○ | ○ | ○ |
| | | 日焼け止め・リップクリーム | ○ | ○ | ○ |
| | | ナイフ | ○ | ○ | ○ |
| 緊急用品・その他 | | 救急用品・常備薬 | ★ | ★ | ★ |
| | | 健康保険証・身分証明書 | ★ | ★ | ★ |
| | | 携行食・非常食 | ★ | ★ | ★ |
| | | 予備電池・予備燃料 | ★ | ★ | ★ |
| | | 登山届（事前提出） | ★ | ★ | ★ |
| | | エマージェンシーシート | ★ | ★ | ★ |
| | | 携帯電話 | ★ | ★ | ★ |
| | | ダクトテープ・細引き | ○ | ○ | ○ |
| | | エマージェンシーコール（ホイッスル） | ★ | ★ | ★ |
| | | 熊鈴・熊除けスプレー | ○ | ○ | ○ |
| | | 山岳保険 | ○ | ○ | ○ |

★…必須　○…状況に応じて用意

# 登山装備チェックリスト

| | チェック✓ | アイテム | 日帰り登山 | 小屋泊登山 | テント泊登山 |
|---|---|---|---|---|---|
| ウエア | | レインウエア（上下） | ★ | ★ | ★ |
| | | 行動着（シャツ・ウインドシェル） | ★ | ★ | ★ |
| | | パンツ | ★ | ★ | ★ |
| | | アンダーウエア | ★ | ★ | ★ |
| | | ソックス | ★ | ★ | ★ |
| | | グローブ | ★ | ★ | ★ |
| | | 帽子 | ★ | ★ | ★ |
| | | 防寒着 | ○ | ★ | ★ |
| | | 着替え（ソックス・アンダーウエア） | ○ | ★ | ★ |
| | | サポートタイツ | ○ | ○ | ○ |
| | | スパッツ | ○ | ○ | ○ |
| ギア（道具） | | サングラス | ○ | ○ | ○ |
| | | トレッキングブーツ | ★ | ★ | ★ |
| | | バックパック | ★ | ★ | ★ |
| | | パックカバー | ★ | ★ | ★ |
| | | ポール（ポイントプロテクター必須） | ○ | ○ | ○ |
| | | ヘルメット | ○ | ○ | ○ |
| | | ヘッドランプ（予備電池含む） | ★ | ★ | ★ |
| | | 水筒またはリザーバー | ★ | ★ | ★ |
| | | クッカー・ストーブ・燃料 | ○ | ○ | ★ |
| | | 食器・カトラリー | ○ | ○ | ★ |
| | | テント | | | ★ |
| | | スリーピングバッグ | | | ★ |
| | | スリーピングマット | | | ★ |
| | | スリーピングバッグカバー | | ○ | ○ |
| | | インナーシーツ | | ○ | ○ |
| | | アイゼン | ○ | ○ | ○ |
| | | サンダル | | ○ | ○ |

用をおすすめします。山小屋なら、日帰り登山の装備に数点アイテムを追加するだけで対応できます。
「テント泊に比べ荷物が少なく負担が少ない」「濡れた装備を乾かすことができる」「気象や登山道の状況などの最新情報が手に入る」「水やトイレが確保しやすく便利」などの点で、初心者にも安心です。寝具が用意されている場合でも、「マイ・シーツ」を持参することをおすすめします。

山小屋は、管理人が常駐していて各種サービスが受けられる「営業小屋」と、管理人不在の「避難小屋」に分けられます。さらに営業小屋の中でも、営業期間や規模、立地や設備など各山小屋によってその内容はさまざまです。

山小屋はホテルや旅館といった一般の宿泊施設とは異なり、食事や就寝の時間がかなり早めに設定されています。予定の受付時間前までにゆとりを持って到着しましょう。

◉キャンプサイクルツーリング

キャンプサイクルツーリングとは、キャンプ宿泊をともなう自転車でのツーリングのことです。

日帰りのサイクリングよりも移動距離が延びるため、移動距離に比例して旅の充実度も高くなります。

登山のようにすべての荷物を自分で担ぐわけではないので、数グラムにまで神経質になる必要はありませんが、やはり軽量化は大切な要素です。食料や水なども道中で買い足すことができるため、登山のときほどシビアな食料計画を立てなくてもいいかもしれませんが、荷物を車体にバランスよく積載できるよう、コンパクトなアイテムを選びましょう。

「体力に不安がある場合は短距離コースを選択する」「天候不良に備えて、避難先となるコテージや民宿もチェックしておく」「パンク修理セット、応急手当てセットを携行する」「コース中の自転車ショップを確認しておく」ようにすると、いざというときも安心です。

◉カヌーのベースキャンプ

河原やキャンプ地にベースを設営してから、川や湖に出かけます。ベースキャンプからそのまま漕《こ》ぎ出して戻って来られるように、漕ぎ出しやすい場所にキャンプ地を選びます。河原では上流のダムの放水など、川の水位の急変を予測して高いところに設営してください。

複数の車を利用して回送を行えば、スタート地点とゴール地点を自由に設定することもできます。

## 快適な一夜を過ごすために

テント泊で快適な一夜を過ごすためには、テントの設営場所を見極める必要があります。そこで、場所選びから撤収までのポイントを紹介します。

設営場所によって快適性や利便性に大きな差が出ます。どこが快適か、どこが便利かを考えて、設営場所を選びましょう。

【テントを張る場所の選定】

・テント設営が許可されている場所を選ぶ（テント指定地）

現在では、日本の主要山域のほとんどが、国立公園または国定公園に指定されています。

その大部分を占める特別地域と特別保護地区内では、テントを設営することができません。キャンプをするときには、それぞれの山域のテント場やキャンプ場を選ぶようにします。

・テント場には早めに到着する

週末などはテント場も混み合います。到着が遅いと、快適にテントを張るスペースがないことがあります。

テント場の受付時間を確認して、少し早めに到着するように心がけましょう。

・水はけのよい乾いた場所で、平らな場所を選ぶ

わずかな傾斜であっても、寝転がってみると違和感を覚えます。石や木の枝など、設営前に取り除いておきます。

・テントの入口を風下にする

出入口を風上にするとテント内に風が入り込み、強風時は飛んでいってしまう危険があります。風によるテント倒壊や破損を防ぐために、入口は風下にします。

風のある日にテントを張るときは、張る前にテントの中にザックを重し代わりに入れておけば、飛んでしまうリスクを減らせます。

また、テントの構造をよく理解し、素早く張れるように事前に設営の練習をしておいて

ください。

【テント内の整理整頓】

・荷物を防水バッグに入れておく

ザックの中身を全部出して、大きめの防水バッグに入れ替えておきます。そうすれば濡らしてしまうこともありませんし、ものの紛失を防ぐこともできます。

登山靴は外に放置しないこと。できればテントの中に入れます。

・天井を有効活用する

テントの天井に細縄を張り、小さなカラビナ（開閉できる環状の固定具）をつけておくと、ライトやメガネなど、よく使うものをぶら下げて整理できます。

【就寝前の準備】

・枕元にヘッドランプと飲み物を用意する

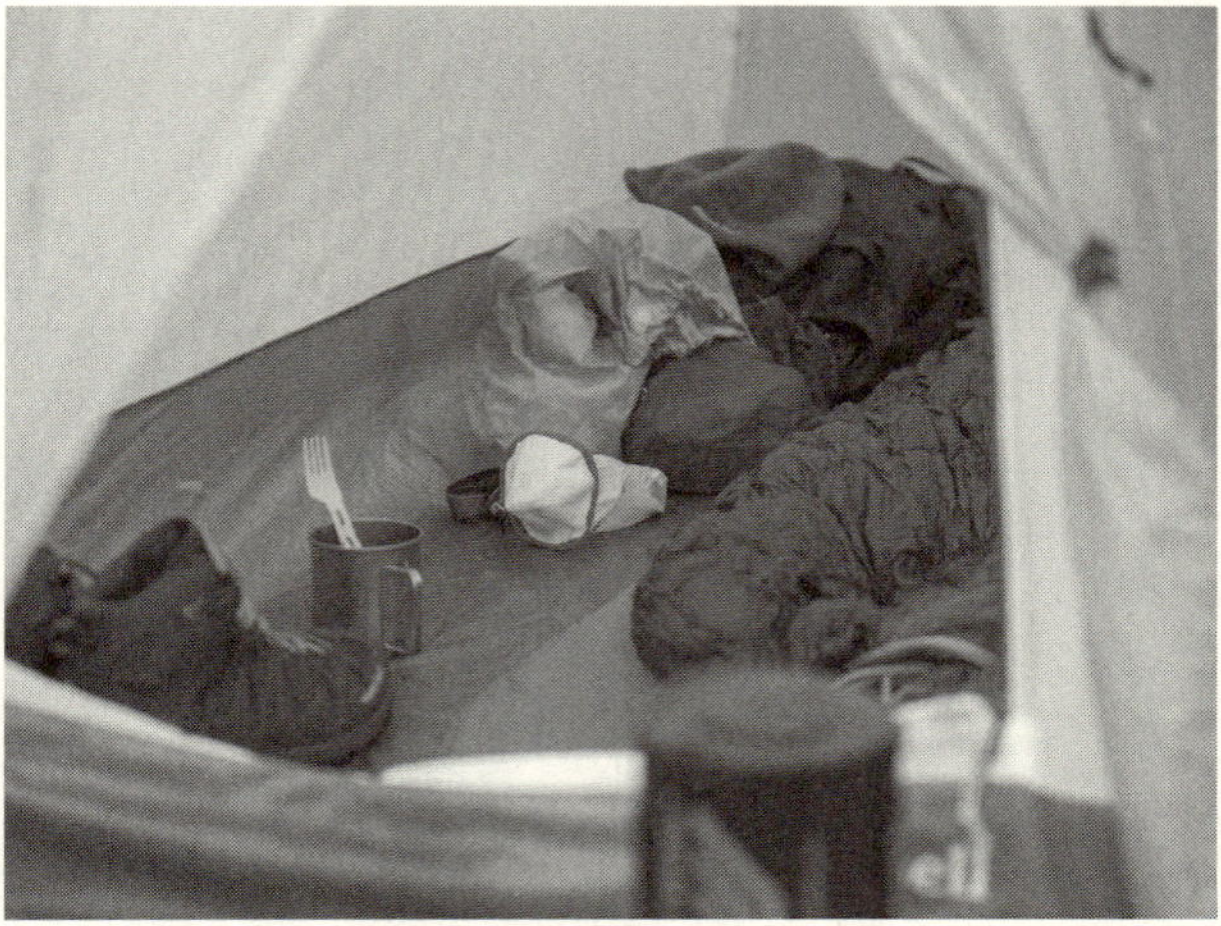
ザックの中身は全部出し防水バッグに。登山靴はテントの中へ

夜中に目が覚めたとき、ひと口水を飲むようにすると、高山での脱水症の予防になります。

・枕の高さを調整する

睡眠の質を良くするには「仰向《あおむ》けに寝たときに、顔が真上よりもやや下向き」になる状態にすると、スムーズな呼吸が確保できて望ましいといわれています。

また、枕が首のカーブにフィットしていないと、肩や首に負担がかかります。隙間が空いている場合は、タオルなどを入れて埋めるようにします。

枕は、スタッフバッグ（防水性、耐久性に長《た》けた収納袋）に衣類などを詰めてつくることもできますが、空気で膨らませるタイプも便利です。

【テントの撤収】

・着替えやパッキングを済ませておく

テントを撤収する前に、テント内で主立った装備のパッキングを終えておきます。

・ザックを濡らさない

降雨や露などで濡れたテントを収納する場合は、ザックの内部を濡らさないように、大型のビニール袋などに入れておくと安心です。

・ゴミを持ち帰る

出たゴミは持ち帰ります。食材の包装紙など、ゴミになるものはできるかぎり持っていかないように心がけることが必要です。

## 私の嗜好品

アウトドアの目的は、「登山をする」「カヌーを漕ぐ」「釣りをする」など、ジャンルがはっきり分かれています。ですが最近は、「自然の中で遊ぶ」ことを幅広く楽しむ人が増えてきた印象です。

今の私にとって、山は自然を慈しむ場であり、仲間との時間を共有する場であり、自分の心を解き放つ場でもあります。

ザックに余裕があれば、「嗜好品《しこう》」＝「好きなもの」を持って出かけると、野外での過ごし方の幅が広がります。私の場合、次に紹介する「笛」「野点《のだて》セット」「野筆」を持参しています。

### 【笛】

横笛はシンプルな楽器です。演奏者の息を使って奏でるため、吹き手の感情がそのまま伝わってしまう素直さがあります。旅先でも笛を持ち歩き、興が乗れば吹いています。夜空を眺めて奏でる笛の音は素敵です。

最近では、水道管や庭の竹を使って笛を自作することもあります。会社の自室に笛づくりの道具を持ち込んで、昼休みに工作をしています。

【野点セット】

野点とは、屋外で茶（抹茶）を点《た》てて楽しむ茶事です。堅苦しい作法はなく、季節の移ろいを戸外で楽しむのが一番の目的です。

アウトドアで席をつくって、茶の湯を楽しむ。そもそも茶室のしつらえは自然風景の見立てですから、澄んだ空気と素晴らしい景色の中で茶を点てることは、茶道の本質に触れることでもあります。

モンベルの「野点セット」は、「持ち歩きできる茶道具」という私のアイデアから生まれました。巾着《きんちゃく》の中には、茶碗《ちゃわん》、茶杓《ちゃしゃく》、茶筅《ちゃせん》、茶巾、盆2枚、棗《なつめ》（抹茶を入れる容器）を収納。それでいて軽量（305グラム）です。

屋外で茶を点てて楽しむ著者（野点）

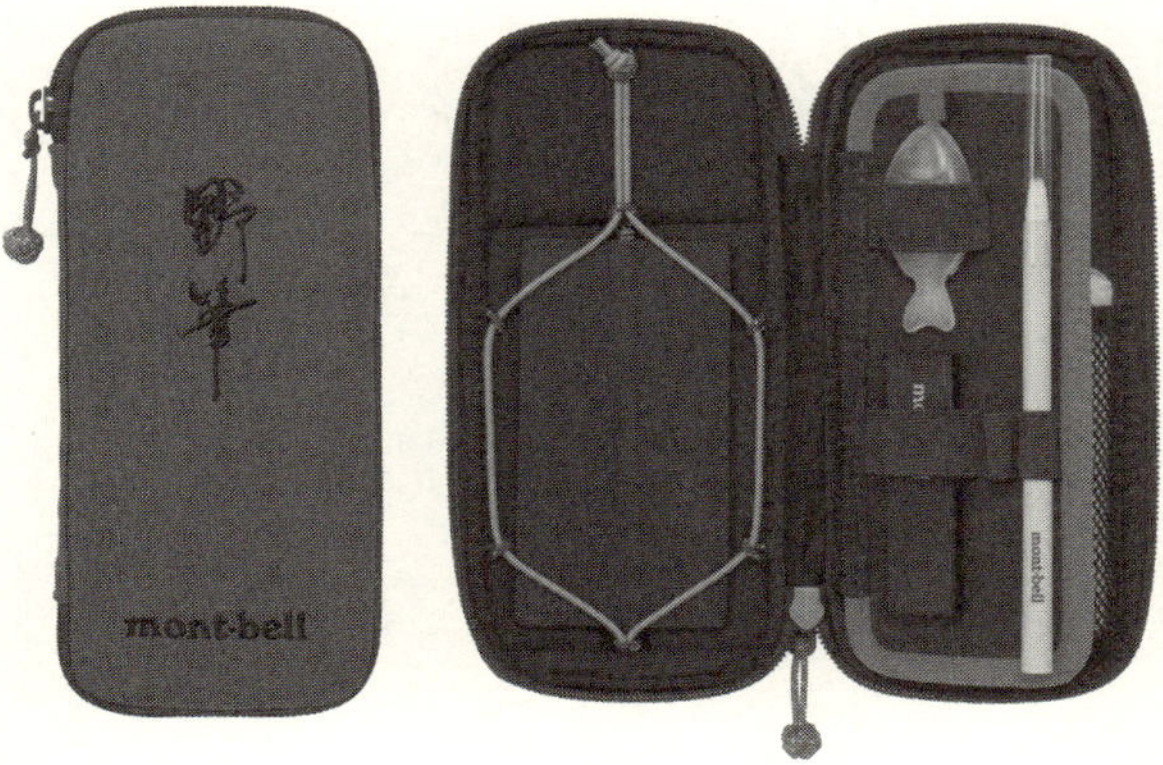


フィールドで毛筆を楽しむための「野筆セット」

【野筆】

書道でいう文房四宝（筆、墨、硯《すずり》、紙）を、モンベルでは、硯板、墨、筆、水差し、O・D・ポケットティッシュ（水解性原紙を使用したティッシュ）をセットにした「野筆セット」として商品化しました。

この野筆セットは日本唯一の製硯師《せいけんし》、青柳貴史《あおやぎたかし》さん（1930年創業の書道用具専門店「宝研堂」4代目）との共同開発。手軽に携行でき、フィールドで毛筆を楽しむことができます。

こうした嗜好品は、キャンプに潤いをもたらしてくれます。黙々と山を登るだけではなく、遊び心を持って自然と接する。そうすれば、新しい景色が見えてきます。

## キャンパーが気をつけるべきポイント

本章の最後に、キャンプをする際に注意したいポイントを挙げておきます。

１　野生動物に気をつける
大自然の中には、野生の動物もいます。最近では、キャンプ中の熊や猿の被害が報告されています。食料は車の中に収納するとか、コンテナーに入れて密封してテントから離すなどの配慮が必要です。特に出没の前例がある場所でのキャンプは慎重にしましょう。

２　底冷えするので防寒具を十分に
標高の高いキャンプ場は、夏でも冷えます。特に夜になると、放射冷却で地面が冷たくなります。寝袋、スリーピングマット以外にも防寒アイテムを用意しましょう。

３　管理人が常駐するキャンプ場を選択する

管理人が常駐するキャンプ場なら、もしもの事態に陥ったときでも助けを求めることができるので安心です。事前に情報を集めて、バックアップ体制がしっかりしているキャンプ場を選定しましょう。

また、管理が行き届いているキャンプ場は、トイレや水回りも清潔なので、快適に過ごすことができます。

4 防犯グッズ・鍵《かぎ》を用意する
テントを離れる際や就寝時は、テントの入口（ファスナーなど）に鍵をかけておくと、盗難や不審者の侵入を抑止できます。特に女性の場合、防犯ブザーや人感センサーで点灯するライトは有効です。

5 車を利用したキャンプなら、乗り入れ可能なところにする
駐車場とキャンプサイト（設営場所）の距離が離れていると、荷物を運ぶのが大変です。しかもソロキャンプの場合は、運んだ荷物を見ていることができないので、防犯上のリスクも生じます。車やバイクでキャンプ場まで移動する場合は、サイトに乗り入れ可能なキ

ャンプ場がおすすめです。

車を乗り入れることができれば、荷物の運搬の利便性がよくなるだけでなく、いざというときに車内に避難することが可能です。

6　キャンプの予定を知人に知らせておく

「今日、〇〇キャンプ場に行っている」ということを身近な人に知らせておくことも、安全対策になります。

ただし、ＳＮＳ上で不特定多数の人に知らせるのは逆効果です（特に、女性ひとりでキャンプ場にいることが周知されると、危険性が高くなります）。

# 第2章　不要なものは何ひとつ持たない

## 必要なものは何ひとつ忘れてはならない、しかし不要なものは何ひとつ持って行ってはならない

モンベルは2つのコンセプトで商品開発をしています。そのひとつは、「Light & Fast」（ライト&ファスト／軽量と迅速）というものです。

アウトドアの装備で重要なのは、「軽量かつコンパクト」であること。野外の環境では、迅速に行動することが安全につながります。

「Light & Fast」の原体験は、アイガー北壁（ヨーロッパ・アルプス三大北壁のひとつ）でした。

1グラムでも荷重を減らしたかったので、登攀《とうはん》にあたっては、必要最低限の装備に抑えるように心がけていましたが、それでも3分の2ほど登ったあたりから、一気に頂上を目指すことを覚悟して、さまざまなものを捨てることにしました。

カメラは、フィルムだけ抜いてボディを捨てました。

退去用の予備のロープも捨てました。食料も捨てました。

極限の状況から一刻も早く抜け切るために、命をつなぐ最低限のもの以外、すべてを捨てる覚悟を決めたのです。


モンベルを創業する以前、総合商社の繊維部に在籍していたとき、防弾チョッキに使われる高強力繊維「ケブラー」や、消防服に使われている難燃繊維「ノーメックス」といった特殊素材の存在を知りました。

当時の登山道具は、かさばるし、重いし、防水性や耐久性にも劣っていました。そこで、「こういった繊維を使えば、もっと軽量で、コンパクトで、快適で、安全な山の道具がつくれるのではないか」と考え、ものづくりの会社を立ち上げる決意をしたのです。

モンベルの最初のヒットは、スリーピングバッグ（寝袋）です。

アメリカのデュポン社が開発したポリエステル繊維「ダクロン・ホロフィルII」という新素材を使い、従来の寝袋よりも格段に軽くてコンパクト、保温性が高く、速乾性の高い製品を開発しました。

当時主流だった化繊綿の寝袋は安価で、濡《ぬ》れても乾きが速いけれど、重いし、かさばる。ダウンの寝袋は軽量ではあるものの、雨に濡れると保温機能がなくなる欠点がありました。化繊綿とダウンの欠点を改善したのが、ダクロン・ホロフィルⅡの寝袋でした。この寝袋の登場によって、「Light & Fast」というモンベルのコンセプトは、多くの登山者から支持されるようになったのです。

## 自分たちの「ほしいもの」をつくる

自営業（寿司《すし》職人）をしていた両親の影響もあって、私は子どものころから、「仕事は、自分で切り拓《ひら》いていくもの」と考えていました。

道のないところを歩いていくのが楽しい。誰かのあとについていくタイプではなく、「自分が道をつくっていく」タイプなのだと思います。

戦後のものがない時代に生まれたせいか、自分の手で遊び道具を工夫することが当たり前でした。当時流行《はや》っていたフラフープを買ってもらえなかったので、ホースを切って、

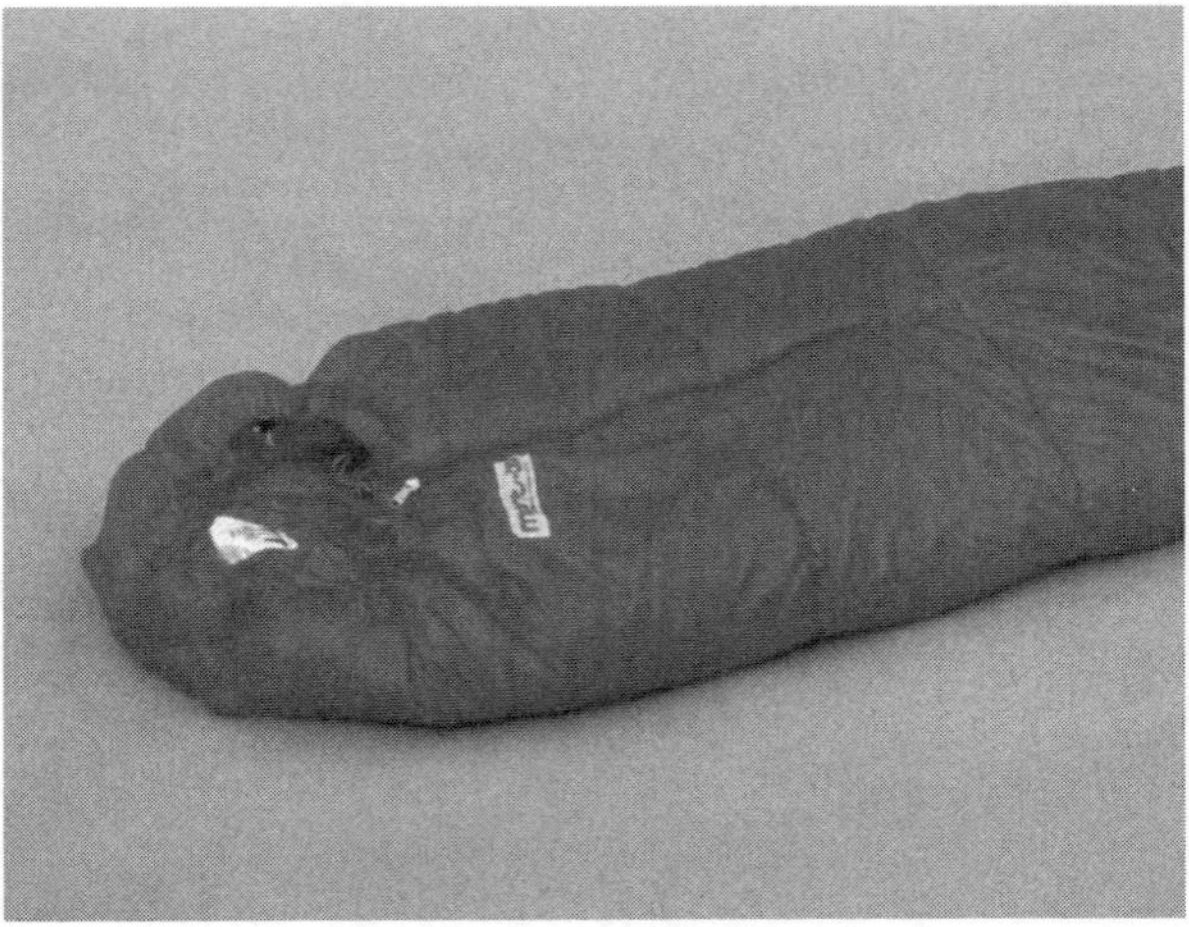

モンベルの最初のヒット商品、ダクロン・ホロフィルⅡのスリーピングバッグ

その両端に使い終えた割り箸《ばし》を突っ込んで輪にし、「フラフープ」にして遊んだこともあります（笑）。

私がロッククライミングをはじめたのは、16歳のときです。そもそも、どうやっていいかわからない。教えてくれる人もいない。用具もない。しかたがなく、木綿のテープを買ってきて、見よう見まねでクライミング用のベルトをつくりました。

そして畳の上に寝ころがって、ハーケン（鉤《かぎ》状の登山道具）を畳と畳の間に刺して、水平を垂直に見立てて、カラビナを掛けて、ロープを掛けて、落ちたら、「ああーっ！」と声を出しながらずり下がって（笑）、体の動きを何度もシミュレーションしました。

カヌーをはじめたときも、ほうきを持って布団の上にひっくり返って、「こうしたら起きられる」と試行錯誤しながらエスキモーロールの技術を磨きました。


アイガー北壁に挑んだときも、現在のゴアテックスのような防水透湿性素材がなかったので、撥水《はっすい》加工が施された薄いアノラック（フードつきのアウターウエア）を2枚重ね着して挑みました。1日着たら、外側に着ていたものを内側に着て、内側に着ていたものを外側に着る。こうすれば、表面の撥水性を保つことができます。

私の場合、誰かのマニュアルを参考にするより、自分で実際に試しながら、「こうやればいいんだ」という方法を見つけ出すほうが、性に合っているようです。

ものづくりも、自分で考え、自分の手でつくっていきたいと思っています。ないものは、工夫してつくる。他社の製品を検証することも、マーケティングリサーチをすることも得意ではありません。

モンベルのものづくりは、「何が売れるか」ではなく、

「何が必要か」

「何がほしいか」

からスタートしています。山好きが集まってはじめた手づくりの会社だけに、「自分たちのほしいものをつくる」という考えが根底にあります。1万人が必要としなくても、たとえ100人でも「本当に必要な人」に共感してもらえる商品をつくる。それがものづくりの醍醐《だいごみ》味でもあります。

商品開発に関しては、全社から知恵や意見を集めています。モンベルの社員は同時に消費者でもあります。したがって、商品開発へのアイデアにユーザーとしての意見が入るのです。

モンベルでは、全従業員から「アイデアシート」（こういうものがほしい、ここを改良してほしい、という意見書）を募って、半年ごとに集計して商品開発のヒントにしています。シートは半年で2000枚以上集まることもあり、この中からアイデアを具現化していきます。

たとえば、「スペリオダウンジャケット」は、真崎文明《まさきふみあき》（モンベルの創業メンバー、2代

目社長）の「薄い素材でダウンジャケットをつくったら便利では？」という意見から誕生した商品です。

「薄くすれば破れるかもしれない。けれど、もし丈夫で薄くて軽いダウンジャケットがあったら、ほしい人はいると思わない？　俺がほしいのだから」

発想の起点は、「売れるものは何か」ではなく、「ほしいものは何か」で考えることです。

「ただただ、自分たちのほしいものをつくっていく」

この姿勢が、モンベルのものづくりの原点です。

## 無駄を省き、機能を突き詰めた先に「美しさ」が宿る

モンベルが掲げるもうひとつのコンセプトは、

「Function is Beauty」（ファンクション・イズ・ビューティー／機能美）

です。

余計なものを取り除き、機能を追求したデザインには、独特の美しさがあります。

20世紀を代表するドイツの建築家、ブルーノ・タウト氏が「泣きたくなるほど美しい」と賞賛した建築が、桂離宮《かつらりきゅう》（17世紀のはじめから中ごろまでに、八条宮《はちじょうのみや》初代智仁《としひと》親王と2代智忠《としただ》親王によって造られた建築物）です。

ブルーノ・タウト氏は、著書『日本美の再発見　増補改訳版』（岩波新書）の中で、桂離宮の細部について次のように記しています。

「趣味が洗練の極致に達し、しかもその表現が極度に控え目である」
「ここではおよそ装飾的な要素はすべて省略され、洗練された趣味はもっぱら高雅をきわめた釣合にのみ求めることができる」
「実際これ以上単純でしかも同時にこれ以上優雅であることは、まったく不可能である」

飾りのための飾りはつけない。柱の1本1本、梁《はり》の1本1本に機能が与えられている。それが桂離宮の美しさです。

「俳句」もまた、引き算の美学です。無駄を削《そ》ぎ落として、5・7・5の17音で心象を綴《つづ》る。これこそ、日本人の精神性の発露だと思います。

１９８９年、アメリカでのビジネスを展開するにあたって、後に「モンベル・アメリカ」（モンベルとライセンス契約を締結した海外法人）を設立したK社長から、「モンベルのテーマは何か。スローガンはあるのか。ものづくりの原点を教えてほしい」と尋ねられました。

アメリカ人はビジネスにおいて、商品のバックグラウンドともいうべき創業者の思いを重視します。そのときに思いついたのが、「機能美」というコンセプトでした。

自然環境の中で「生きる」ために開発されたモンベルのアイテムは、無駄がなく、洗練された機能美を持っている。「美しさのためのデザイン」を施すのではなく、「デザインのためのデザイン」はしない。デザインは、機能の先にある。

無駄な切り返し線をなくしたり、ポケットの位置や形状を検討したりし、機能を突き詰めていくと、シンプルなデザインにたどり着く。そのシンプルさこそが「美しさ」だと考えました。

たとえば、「ストームクルーザー」はモンベルの代表的なレインウエアです。

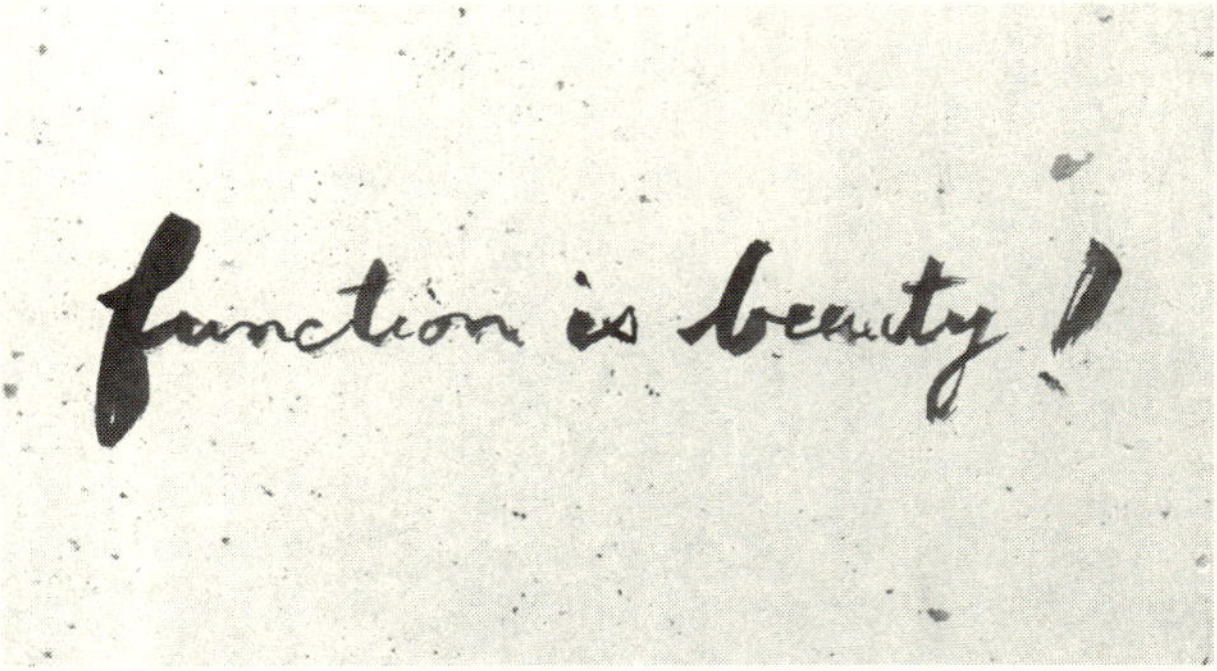


「function is beauty!」

通常のレインウエア（ジャケット）は、前身頃、後ろ身頃、両袖《そで》、襟、フードなどのパーツに分かれています。しかし、これらのパーツを縫い合わせると、縫い目が浸水の原因になりかねません。そこでモンベルでは、「K-Mono（ケイモノ）カット」という独自の裁断方法で縫製箇所を減らし、防水性と軽さを実現しています。この方法は、日本の伝統文化である「着物」からヒントを得たもので、1枚の生地からウエアを縫製しています。

縫い合わせてあるのは、胸の下と袖下だけです。縫い糸も少なくなった分、軽量化にも成功しています。

徹底して一切の無駄を省き、使いやす

さや素材の特性を突き詰めたものにこそ美しさが宿る。それがモンベルのものづくりの思想です。

## 世界を自転車で旅するパッシュ一家

機能美な生き方を実践する家族がいます。

それは、パッシュ一家です。

2010年8月、スイスを後にして自転車でニュージーランドを目指したパッシュ夫妻、グザヴィエとセリーヌは、2013年にマレーシアで第一子ナイラを出産しました。

4か月後、幼子を連れて旅を再開した彼らはその後オーストラリアの灼熱《しゃくねつ》の砂漠を越え、3470キロを旅してニュージーランドに到着します。そして新たな旅のはじめに、スイスから、北海道を訪れました。

ナイラはすでに3歳になっていました。何事にも興味を示す利発な女の子でした。

彼らにとって、北海道は自転車で旅するには最高の環境だったといいます。道も広く、キャンプサイトがいたるところにあり、治安も良い。食料や日用品も容易に入手できるし、なにより出会う人々がやさしかったといいます。

その後、本州に渡った彼らは、奈良の私の自宅にしばらく滞在して、四国、九州に向かいました。徳島では野田知佑《のだともすけ》さん（カヌーイスト・作家）のお宅で釣りやカヌーなどをして楽しい日々を過ごしました。

九州から韓国、台湾《たいわん》を経てマレーシアに渡り、第二子を出産しました。次女、フィビィの誕生です。彼らが出産地にマレーシアを選んだのには理由があります。

まず「Water birth」すなわち、水中出産のシステムが整っていること。そしてそのコストが日本の半額以下であり、気候もよく、産後の生活費も節約できる。プール付きアパートの賃料は月額わずか３万円だったといいます。

フィビィが誕生してわずか４か月後には旅を再開して、中国に入り、バイカル湖を経由してゴビ砂漠の横断に挑戦しました。

ナイラの初旅はオーストラリアの砂漠横断で、フィビィはゴビ砂漠という、まさに「アドベンチャーファミリー」です。

彼らは、壮大なモンゴルの大自然に包まれて夏を過ごしました。夏とはいえ夜はマイナス5度まで下がるテントの中で、家族は寄り添いながら過ごしました。時には遊牧民のゲルで歓待を受け、山羊《やぎ》のミルク茶で体を温めました。見渡す限り続く一本の道。心が折れることもあったけれど、ひたすら自転車を漕《こ》ぐ。

最も大きな試練は砂漠を吹き抜ける向かい風だったといいます。100キロ以上の荷物と2人の幼児。ギアレシオ（歯車の比率）を最大にしてもペダルは重く、体力を消耗しました。景色は1日中変わらない。そんな日々が続きました。4歳のナイラは、自力で小さな自転車を漕いで両親の負担が軽くなるように助けました。思いやり、励まし合い、家族の絆《きずな》はいやが上にも深まりました。

その後、台湾で冬を過ごしてアラスカに飛び立つ前に、再び日本を訪れました。

5歳になったナイラは私を見るなり飛びついてくれました。

「一期一会」

旅の途上で出会う数えきれない人々。その中の誰かと再会できるのは稀《まれ》なことです。ナイラは別れ際に必ず「またねー」と言います。子ども心に、覚えた日本語で再会を願う思いが込められていました。

抱き上げた彼女は、少し重くなっていました。そしてたくましくなっていました。聞き

自転車で世界中をめぐる旅を続けるパッシュファミリー

わけもよくなり、以前よりももっとやさしくなっていたように思います。妹フィビィの面倒をみる姉の貫禄《かんろく》さえ感じられました。

おりしも開催されたモンベルクラブ会員対象のイベント「モンベルクラブ・フレンドフェア」で、彼らの冒険談を披露してもらうことにしました。そしてその機会に「モンベル・チャレンジ・アワード」を授与することにしたのです。

「チャレンジ・アワード」は、2005年に始まり、それまで8名の受賞者を選定してきました。その対象は「偉業を成し遂げた結果」ではなく、その計画や未《いま》だ挑戦しつつあるプロジェクトを評価します。

パッシュ一家こそそれにふさわしいと私は考えました。彼らは、旅の資金を講演会や本の出版でまかなってきました。シンプルな生活に不自由はないとは言うものの、ビザの取得や航空運賃などそれなりの資金が必要です。

アワードの賞金がその一助になれば幸いだと考えました。

「授賞式」を会場のステージで行い、彼らのプレゼンテーションを受けました。グザヴィエが撮りためた世界中の素晴らしい写真と映像を画面に映し出し、セリーヌがその旅物語を朗読しました。

「これまで怖い思いをされたことはありますか？」

会場からの質問にセリーヌは明確に答えました。

「一度だけ、凶器を手にした人がテントを覗《のぞ》きに来ました。でもそれは、テントを張っているのが誰なのか、危害を加えられるのではないかと、相手も恐れていたからです」

これまで現地の人々を信じて裏切られたことは一度もなかったといいます。

彼らにとっての「困難」は、嵐や人災といった外的なものではなく、むしろ内面的な「不安」や「恐怖」であって、いかに「心の平穏」を保つことができるかが最も大きなチャレンジだといいます。

大自然の中で家族4人、時にはいさかいがあるものの、次のステップに向けて協力し合わなければ生きていけません。

「子どもたちの教育はどう考えていますか？」

この質問にセリーヌが答えました。

「世界のさまざまな環境で、人のやさしさを知り、野生動物に出会い、お買い物をする。そのすべての体験が子どもたちの勉強です」

母国語であるフランス語や英語、あるいは算数などは「ホームスクール」としてテントで両親が教えます。行く先々の言葉を身につけた子どもたちは片言でも現地の人々とコミュニケーションがとれています。地球が彼らの学校なのです。

「いつまで旅を続けるの？」と私が聞くと、

「2020年には一区切りをつけるかもしれない。でも、こんな生活が幸せだと思えるうちは、きっと旅を続けるでしょう」

と2人が答えてくれました。傍らにいた子どもたちは、何の不安もない素敵な笑顔で両親を見上げていました。

# 第3章　山には文学がある

## 山には文学がある

山には文学があります。

登山は、肉体的な行為でありながら、精神的な要素が大きく関わります。夜空を見て感じ、凍える寒さの中で考え、山頂に立ったときに味わう感動……。そのひとつひとつの場面で物語が紡ぎ出されます。

ハインリッヒ・ハラー（オーストリアの登山家）の『白い蜘蛛《くも》』、エドワード・ウィンパー（イギリスの登山家）の『アルプス登攀記《とうはんき》』、1950年代のフランスを代表する登山家、ルイ・ラシュナルやリオネル・テレイの著作など、学生時代の私が山岳書に夢中になったのは、そこに描かれた著者、あるいは作中人物の精神性に圧倒されたからです。

ヨーロッパでは19世紀の後半に、「アルピニズム」という概念が生まれました。アルプスの急峻《きゅうしゅん》な谷や尾根を攀《よ》じ登るような、高度な登山技術を必要とする登山のことです。

アルピニズムは2、3人の少人数で登り、命のリスクをともにします。より高く、より険しく、より困難な状況を求める登山スタイルがアルピニズムの根幹です。

その後、「奥地ヒマラヤの高峰を目指すためには、組織的登山が必要」との考えから、多人数がひとつのチームになって戦略的に山を攻めていく極地法とも呼ばれる「ヒマラヤイズム」が台頭しました。

麓《ふもと》に近いベースキャンプからはじまり、徐々に標高を上げながら複数のキャンプを設営して、最終的には数名のサミッター（登頂者）が頂上に立ちます。ヒマラヤイズムは組織化されていますが、その根底はアルピニズムの精神性の行き着く先にあるものです。

私もかつては、アルピニズムに傾倒しました。アイガー北壁やマッターホルン北壁で当時としては先鋭的な登山をしたり、ヒマラヤの未踏峰登山を計画したのは、山に対して、「自分の力を試したい」「人のやらないことをしたい」という「挑戦」であって、自己達成欲を満たすことが登山の原動力になっていた気がします。

ですが最近は、年齢とともに足元を見るようになり、草花を愛《め》で、自然をゆったりと楽しむようにもなりました。

険しい山に挑むのも、山野草をゆったり見つめるのも、どちらも登山です。人それぞれの自然観にしたがって山や川を楽しむ。10人いれば10の、１００人いれば１００の「物語」があります。

1991年に、2週間かけてユーコン川をカヤックで下ったことがあります。旅を始めて6日目の夜、砂浜を照らす大きな月を眺めながら、ふと、「こんなふうに月を見上げながらのんびり旅をしたことは、今まであまりなかったな」と回顧しました。

中学生のときにはじめて金剛山に登ってから、これまで数え切れないほどの山に登り、川を下り、キャンプを経験してきました。クライミングに夢中だったころは、いつもギリギリまで体力を使い果たして、ボロ雑巾《ぞうきん》のように寝袋に潜り込んでいました。

若いころは、仕事も遊びも、自分を限界まで追い込んでいました。脇目も振らず、ひたすら前へ、前へ、前へ、上へ、上へ、上へ向かって走り続けていました。厳しい瀬や大きな流れを求め、自然に真正面から立ち向かう。挑戦こそが自分の存在の証明だと考えていたのです。

ですが、月明かりの中で、「ビッグウォーター（激流）にチャレンジする自分」のほかに、もうひとり「心をなごませ、旅を存分に楽しんでいる自分」がいることに気がついたのです。ユーコン川の旅を通して、挑戦とは対極にある「のんびりと楽しむ」という、旅の物語に身を置く心地よさに気づかされました。

## 豊かな想像力

あるとき、開高健《かいこうたけし》さん（小説家・ノンフィクション作家　1989年没）が、私にこんなことを言いました。

「なぁ、辰野《たつの》君、世の中には、オレが書いた本を読んで『おもしろい』という読者がいる。それは大変ありがたい。けれど、どうして本を読んだだけで満足できるのだろう？　アラスカにだってモンゴルにだって、実際に行ってみればいいじゃないか。そのほうが何倍もおもしろいと思う」

本は、想像の世界を広げてくれます。

開高健さんの『ゴルバン・ゴル　三つの河　開高健のモンゴル大紀行』を読了後に、モンゴルを旅する自分を想像する。『海よ、巨大な怪物よ　オーパ、オーパ!!　アラスカ篇』を読了後に、巨大怪魚を釣り上げている自分を想像する……。開高さんは、「想像を頭の中に留《とど》めておくだけではもったいない。想像を具現化したほうが人生の彩りは増える」と言うのです。

私もどちらかといえば、「こうしたい」という思いを、夢のまま終わらせておくのではなく、一歩でもそれに向かって近づこうと考えます。「想像の先にあるものを具現化していくこと」が、人生の妙味ではないかと考えているのです。

想像で満足する人と、想像を具現化する人の違いは何か。それはつまるところ、「やるか」「やらないか」の違いでしかありません。

「こうしたい」というイメージが湧いたら、やってみる。行動を起こすことからすべてが始まります。

ハインリッヒ・ハラーが書いたアイガー北壁登攀記『白い蜘蛛』（アイガー北壁の上部の雪田が蜘蛛の姿形に似ていることから、「白い蜘蛛」と呼ばれています）は、私の人生を決定づけた1冊でした。

高校1年生のとき、『白い蜘蛛』と出合ったことで、「いつかアイガー北壁に登りたい。それも、日本人で最初に登攀したい」「山に関わる仕事を生業《なりわい》にしたい」という思いが生まれたのです。

「アイガー北壁」は、「死の壁」と恐れられ、グランド・ジョラス北壁、マッターホルン北壁とならび、登攀が困難なヨーロッパ・アルプス三大北壁のひとつです。16歳の少年にとってアイガー北壁は壮大な目標でしたが、「アイガーに登攀する自分」を想像した私には、「挑まない」という選択肢はありませんでした。

「可能性があるからやる」、とにかく「最初の一歩」を踏み出してみる。そして可能性の精度をあとから努力して高めていけばいい。

「アイガー北壁日本人初登頂」を心に決めた私の最初の一歩は、貯金箱をつくることでした（笑）。ヨーロッパに渡るための資金を貯めようと思ったのです。それは小さな一歩でしたが、先立つものがなければ渡欧もかないません。

そして1969年、夢を具現化できたのです。当時の世界最年少記録（21歳）／最短登攀記録（21時間）というボーナスまでいただきました。

## 50年ぶりのマッターホルン

1969年にアイガー北壁とマッターホルン北壁を登ってから50年の節目の年となった

2019年のことです。そのころは毎年夏にはスイスを訪れ、アイガーやマッターホルンを麓から眺めていた私でしたが、歳を重ねるうちに「もう一度あの頂に立ってみたい」という思いが高まりました。

「齢《よわい》72を迎えるこの年に登れるか?」

72歳は、奇《く》しくも父が亡くなった年齢です。息子にとって父の死んだ年齢を超えて生きるのは、一種のハードルを越える特別の思いがあります。

スイスのツェルマット観光局長のダニエル・ルッケンさんにその思いを打ち明けたところ、「じゃあ、50年を記念して一緒に登ろう」と快く協力を申し出てくれました。

地元ガイド協会の代表、ベネディクト・ペレンさんが私とザイルを結んでくれることになり、彼の実弟アンドレアス・ペレンさんがダニエルと一緒に取材撮影をしてくれることになりました。

ツェルマット山岳博物館でロミー・ハウザー村長も出席して、「北壁登攀50周年」のお祝い会を開催していただいた後、ガイドのベネディクトと装備合わせをしました。彼からは、「不要なものは何ひとつ持って行ってはならない」と言い渡されて、準備していた雨具のパンツも置いていけと言われました。

「雨具のパンツを穿《は》かなければならない状況になれば、それはすでに、なにか間違いが起こっている。１グラムでも軽くして一刻も早く登り切ろう」――これがツェルマットのガイドの流儀です。

日頃、「Light & Fast」をモンベルのものづくりのコンセプトとしてきましたが、その徹底ぶりに驚かされました。

近年の天気予報の精度も向上しているので、「悪天候が予測されれば登らない。確実な晴天を選んで登る」――すなわち、過度に悪天候に備えた装備は不要だと言うのです。それはまたこの山を知り尽くした地元ガイドの経験に基づく確信でもありました。

【ブライトホルン】

７月９日、ダニエルの提案で、私が高度に順応できるように、マッターホルンに先駆けてブライトホルン（４１６４メートル）に登ることにしました。

ツェルマットからロープウエイでマッターホルン・グレーシャーパラダイス（３８８３メートル）まで一気に登り、頂上までの雪面を標高差２８１メートル登る。アルプスでは比較的手ごろな登山コースとされています。

ロープウエイを降りて氷河に出れば、頂上までの登山ルートを目視できました。夏スキーを楽しむスキーヤーを横目に見て、緩やかな雪面をいったん下って氷原に出てからダニエルとロープで結び合い、先行者の足跡に沿って徐々に高度を上げました。

技術的にはまったく問題のないレベルでしたが、なんといっても4000メートルを超える標高では空気が薄く、呼吸が苦しく感じられました。

日本を出発する前から少し咳《せ》き込み、体調が万全でなかったこともあって、登り始めてしばらくして、早くも高山病の症状を感じ始めました。

高山病に対する特効薬はありません。地上の3分の2しかない空気を摂取するには、意識して呼吸をたくさんするしかない。ただただ慎重にアイゼンを雪面に利かせながら一歩一歩、足を進めました。

途中、2ヶ所、小さなクレバス（氷の割れ目）を越えましたが、さほど問題はありませんでした。およそ2時間で雪稜《せつりょう》に出ました。頂上はツェルマットから見上げるドーム状の山容とは異なって、幅が狭く鋭いナイフリッジ状です。眼前にはパノラマが開けて、目指すマッターホルンの雄姿が聳《そび》えていました。

【マッターホルン】

ブライトホルンに登った翌日の7月10日午後、ダニエルとともにマッターホルン登攀のベースとなるヘルンリヒュッテ（３２６０メートル）まで登りました。

数年前に改修されたヒュッテは、とても山小屋とは思えないほど快適な施設に変貌《へんぼう》していました。モンベルのジャケットをヒュッテ従業員のユニフォームに選んでいただいたエディス・レイナーさんのご厚意で、シャワー付き個室まで用意していただきました。

夕刻、ベネディクトとアンドレアスが合流して、夕食を囲みながら翌日の登攀の打ち合わせをしました。

ブライトホルンで体調を崩していた私は食欲がなく、スープを口にするのがやっとの状態でした。それを配慮して、ベネディクトが「明朝の出発は、他のパーティをやり過ごした後、最後尾で出よう」と提案してくれました。これなら後ろから追われる気遣いがいりません。

7月11日、この日マッターホルンを目指すパーティは7組と少人数でした。午前4時00

分、他のパーティがすべて出発した後、私たちは登り始めました。漆黒の闇の中、ヘッドランプの明かりを頼りに岩場を攀じ登る。先頭のベネディクトに私が続き、すぐ後をアンドレアスのリードでダニエルが続きました。

要所にはフィックスロープが固定されていて、これを手がかりに登るのですが、両手に全身を預けて〝ゴボウ〟（ロープを両手で摑《つか》み、腕力で体を引き上げる登り方）で登るのが苦手な私は、できる限りホールドを求めて手と足の三点支持で攀じ登りました。一般的に、腕の筋力よりも足の筋力のほうがはるかに強い。１２００メートル以上もの標高差を、部分的にとはいえ、フィックスロープにぶら下がって登るにはよほどの腕力が必要とされます。

私の高山病の症状はますますひどくなる一方でした。

ガイドたちの標準的な行動スピードと比べれば、私の動きは極めて緩慢でした。やがて東の空から太陽が顔を出し、岩壁を照らし出した頃、未《いま》だルート全体の半分にも到達していませんでした。

さらに登り続けて、頂上への中間地点にあるソルベイ小屋（避難用）を過ぎたところで、「休憩を取ろう」とベネディクトが提案しました。

ガイド登山では一切休憩は取らないはずなのに、ベネディクトが休憩を提案した理由は、私があまりにも遅いので、この場で相談して「下山を考える」ためでした。

「我々はまだ4分の1しか到達していない。この調子では登山を続行するのは難しい」とアンドレアスが切り出しました。

頂上は、下山終了までの行程の半分にしか過ぎないのです。彼らの標準時間で私が行動できないのであれば下山も致し方ない。私は、「あなた方の判断を尊重するよ」と答えました。

これに対して、ダニエルは「まだ登山を続ける選択肢もある」と言い、ベネディクトは迷いました。

「今、何時？」私が尋ねると、「午前8時だよ」とベネディクトが答えました。

私は複雑な思いに駆られました。我々はすでにソルベイ小屋を過ぎ、半分以上登り終えており、天気も上々。朝8時に下山を決意することは、私のこれまでの登山経験の中では想定外の判断でした。それでも私は彼らの判断を尊重しようと決めました。

「あなた方の判断に従うよ」

言葉では「従う」と言いながらも、私の目は頂上を見つめていました。

ダニエルはそんな私の心中を痛いほど理解していました。

「タツノ、頂上が見たいか？」

「ああ、それはもちろん」

「続けよう!!」ダニエルが言い放ちました。

ベネディクトもこれに同意してうなずきました。アンドレアスは不本意ながらも2人の判断に従うことになりました。

高山病による脆弱《ぜいじゃく》な肉体とは裏腹に、登ることへの私の気力と思いに迷いはありませんでした。

「よし、続けよう」

登攀が再開されました。

やがて、ショルダー（肩）と呼ばれる地点にたどり着きました。登攀に求められる技術は決して困難なものではありませんでした。しかし、高山病が私の行動に足かせをかけました。一歩一歩、無心で手を伸ばしてホールドを摑み、スタンスを求めて攀じ登ります。

50年前は、中谷三次《なかたにさんじ》とともにマッターホルン北壁の4分の1を残してビバーク（緊急的な野営）しました。その翌朝、頂上に到達してヘルンリ稜を下って、ロープウエイにも乗

50 年ぶり、72 歳でマッターホルンの頂上に立つ

らず一気にツェルマットまで駆け下りました。アイガー北壁登攀を最年少、最短時間で成功させ、その勢いに乗ってマッターホルン北壁を駆け登った。21歳の若さ、無限の可能性と自信がみなぎっていました。そして今は、その下降路をよたよた登っていると思うと、自分の姿が愛《いと》おしくさえ感じられました。

頂上直下200メートルでアイゼンを装着し、岩稜を登るにはバランスと体幹の強さがさらに求められます。意識は薄らいでいましたが、恐怖心はなく、ただ淡々と、なすべき行動を続けました。やがて視界が開け、雪稜に出ました。

幅1メートルにも満たない狭い雪稜を、一歩一歩アイゼンを踏みしめて頂上に立ちました。午前11時05分。

「おめでとう、そしてありがとう、よくやった！」ベネディクトが私の肩を抱えて語りかけてくれました。

「見ろよ、君が50年前登った北壁だよ」

見下ろせば1500メートルの北壁が麓のツムット谷まで続いていました。

ダニエルがつぶやきました。

「50 years ago ……」

そう、それはまぎれもなく私が50年前に目にしたものでした。まるで昨日のことのように、その光景が私の脳裏に蘇《よみがえ》りました。

ダニエル、ベネディクト、アンドレアス、あなた方のおかげで私は再び頂上に立つことができました。頂上に腰を下ろし、しばし雲上の山々を見渡しました。

「ありがとう」

これまで支えてくれたすべての人々への感謝の思いが込み上げました。

# 第4章　ただ「一歩先」へ

## それは「できない」ではなく、「やらない」という選択

人は、できないことを「他人のせい」や「環境のせい」にしがちです。

「仕事が忙しいから旅に行きたくても、行けない」「まとまった休みが取れないから登山がしたくても、できない」……。でも、「本当にやりたい」のであれば、多少の障害があったとしても、「やる」のではないでしょうか。

私は以前、キャンピングカーで日本全国を旅しながら、仕事を続けたことがあります。「社長室はキャンピングカー」というわけです(笑)。

しかも私のキャンピングカーは、幼稚園の送迎バスでした。

そうなったきっかけは、今から30年ほど前、幼稚園の園長先生が集まる会合に招かれて、八王子《はちおうじ》(東京都)にある幼稚園で講演をしたことです。

質疑応答の時間に園長先生から、「辰野さんはこれまでさまざまな冒険をされていますが、これからやってみたいことはありますか?」という質問をいただきました。

ふと窓の外に視線をやると、幼稚園の送迎バスが目に入ったので、「あそこに止めてあ

るようなバスが手に入ったら、キャンピングカーに改造して、リタイアしたあとに日本中を回ってみたいですね（笑）」と答えました。するとその園長先生が、「辰野さん、あのバスでよかったら差し上げましょうか？　最近では園児が減ってきてバスが余っているので、中古でよければ使ってください」と言ってくださったのです。

またとない申し出でしたので、モンベルのテントと交換していただきました（園長先生自ら、バスを大阪まで運んでくださいました）。

改造に必要な資材をすべて自分で調達して、当時高校生の息子と一緒に、キャンピングカーを自作しました。座席を取り払い、トイレとキッチンを設置して、ベッドになるテーブルをつくり、屋根の上にはソーラーパネルを装備。

リタイアを待つまでもなく、自作のキャンピングカーに乗って、妻と2人で九州から北海道まで全国を、数回に分けて1年ほどかけてまわりました。

風の吹くまま、気の向くまま。川を見つけたらカヌーで下ってみる。山があれば登山靴を履いて登ってみる。自由でした。バスは窓が広いので、360度、景色を楽しむことができます。冠雪の阿蘇《あそ》山の外輪山の圧倒的な美しさは、今でも脳裏に焼き付いています。

当時は携帯電話が市場に出たばかり。軍用の衛星通信機を彷彿《ほうふつ》させる重い携帯電話とフアックスを搭載して、移動式社長室をつくりました。モンベル・アメリカの社長から電話がかかってきて、阿蘇山を眺めながら、アメリカの市場について意見を交わしたこともあります。当時は、今ほど通信インフラは整っていません。それでも、場所や時間にとらわれない「テレワーク」や「リモートワーク」が可能だったのです。行く先々のアウトドアショップを訪ねたり、即席の講演会を催したりすることもありました。

私の友人のイヴォン・シュイナード（アウトドアウエアメーカー「パタゴニア」の創業者）から、以前、「私も辰野も、MBAだよな（笑）」と言われたことがあります。

MBAといっても、経営学修士（Master of Business Administration）の学位の意味ではありません。イヴォンは、「マネジメント・バイ・アブセンス（Management By Absence）」、つまり「欠席しながらマネジメントをする」「どこにいても経営はできる」という意味に置き換えて、捩《もじ》ったのでした。私はこのキャンピングカーで、「旅をしながらでも経営ができる」ことを身をもって経験しました。

旅の最後に、バスを譲ってくれた幼稚園に立ち寄りました。「自由に旅ができてうらやましい」と園長先生がうらやむので、私が「やってみたらどうですか？」と勧めると、園

幼稚園の送迎バスを改造して「移動式社長室」に

長先生は、こうおっしゃいました。

「いや、うちは小さな幼稚園で教員の数も少ないので、休めないんですよ。だからできません」

園長先生が「できない」のは、教員の数が足りないからだけではありません。

本気で、バスの旅を「うらやましい」と思っていたのではなく、旅に出ること以上に、幼稚園で子どもたちが元気に遊ぶ姿を見ていることを選んでいたのだと私は思いました。

園長先生にとって、自分が安心できる居心地のいい場所は幼稚園だったに違いありません。園長先生は、「できない」のではなく、「バス旅に行かない」という選択をしていたのです。「やりたいけど、できない」ではなく、「今は幼稚園にいることを選択して、行きません」と言ってほしいと思いました。

私にも仕事はあるし、家族もいる。物理的なハードルや、犠牲にしたものもある。それでもキャンピングカーを社長室にして旅をしてみたいという思いが優《まさ》っただけのことです。

「できない」と考えるか、「やらない」と考えるかでは、人生の幸福感が変わります。

## ただ一歩先を目指す

以前、ある進学校の理事長から、「勉強ができる生徒の共通点」についてうかがったことがありました。名門大学に入学できる生徒には、「集中力と持続力と判断力」の3つの力が養われているというのです。

「3つの力は人間が生きていく上で最も大切な『生きる力』であり、その力を身につける方法は無限にあります。勉強でも趣味でもスポーツでも、その道を真剣に求めることで、その力が養われる」とおっしゃっていました。

学生時代の私は、お世辞にも勉強ができたとは言い難く、むしろ落ちこぼれ的な存在で、卒業も危ぶまれたほどです。

それでも私には、人並みの「集中力と持続力と判断力」が備わっていると自負しています。それは、登山やカヤックを実践したなかで身につけることができたのだと思います。

アイガー北壁を登攀《とうはん》する前夜、緊張と不安で寝つけませんでした。「生きて帰れないかもしれない」……。

ですが、登攀の日を迎え、岩に取り付いた瞬間に、心が無になりました。ただやるべき次の瞬間を目指す。ただ一歩先を目指す。その感覚は、「禅の境地」に近いものなのかもしれません。

１８００メートルの岩壁を登るという作業は、想像を超えた果てしないことだと思われます。ですが、現実は「１メートル登る」ことを連続するだけの行為なのです。

## 挑戦者は「怖がり」

登山家は元来、怖がりです。

命がけの挑戦をしながら、それでも命を失わなかったのは、私が臆病《おくびょう》だったからです。

過去に、多くの仲間を山で失いました。

私の腕の中で目を見開いたまま息絶えた仲間、岩場から転落して内臓を破裂させ、痛みに苦しみながら息を引き取った仲間、雪崩とともに数百メートル下の谷底に消えていった仲間……。ふとした気の緩みと決断が生死を分けました。

登山家は、用心深くなければなりません。

晴れた日でも「天候が急変したらどうしよう？」と用心して、雨具を持ち歩く。日帰りの山行でも、必ずヘッドランプを持参する。食料は少し多めに持って行く……。油断せず、最悪の状況を想定して策を講じる。登山や川下りには、常に先を見据えたリスクマネジメントが必要です。

経営にも同じことがいえます。

アイガー北壁の最大の難所を登攀する著者

１９７５年、28歳で「モンベル」を創業して、将来の事業計画をイメージしたとき、「会社を存続させるには、社員の平均年齢を若く保つために常に若者を迎え入れなければならない。社員が高齢化すると固定費が増えるだけでなく、会社の活力が失われ競争力が落ちる」と考えました。

社員を増やすということは、企業規模を大きくしなければならない。すなわち、右肩上がりの事業拡大経営を覚悟しました。

つまり、事業を拡大するために人を増やすのではなく、人を増やすために事業を拡大しなければならないことに気づいたのです。

規模を拡大するといっても、「どこまで」大きくすればいいのか。私は、次のように市場の可能性をイメージしました。

・いつまで：30年間
20代で入社した社員が30年後に50代となり、世代循環のサイクルがひと回りする。
・どこまで：年商１００億円の可能性
当時の登山用品市場の規模（５００億円程度）のおよそ2割程度の可能性。

「30年後、年商100億円程度を目安に事業を進める」というイメージです。

もし、日本の登山用品市場にポテンシャルがなかったとしたら、対応方法として考えられるのは、ひとつには、ジャンルの拡大。登山用品だけでなく、テニス、サッカー、野球など、スポーツ全般に商材を広げる。

もうひとつの方法は、販売地域を拡大する。

国内市場に限界があるのなら、販売地域を海外に広げればいい。国内の売上が60億円だとしたら、20億円はアメリカ、残りの20億円はヨーロッパで売り上げる形にすればいい。

極めて単純な発想でした。

そもそも、「山に関わる仕事を生業《なりわい》にしたい」と考えて起業したのですから、他のジャンルへの拡大は本意ではありません。

そこで「得意な山の分野に特化して、市場規模を拡大する」ことにしました。私はこれを「小さな世界戦略」と名付けました。

創業3年目、社員は5人。国内でのビジネス基盤が固まっていない段階で海外進出を仕掛けたのは、会社を存続させるためのリスク対策でもあったのです。

海外進出を含め、これまで、さまざまな決断をしてきました。将来を見据え、リスクを考慮し、対策を講じながら決断したのは、人一倍怖がりだからです。

## 「平常心」を身につける

中学時代、私は足しげく金剛山に通いました。中学校には山岳部もワンダーフォーゲル部もなく、身近に山を教えてくれる人はいませんでした。

義兄（姉の夫）から古いザックを譲り受け、父親が軍隊で使っていたハンゴウを手に入れ、使い古した毛布を自分で縫って寝袋をつくり、おこづかいを貯めてテントを買って、山に入りました。金剛山周辺にはキャンプ場がなかったので、沢筋の適地を選んでテントを張りました。

キャンプを始めたころは、陽が落ちて人気《ひとけ》がなくなると、自分だけが取り残されたような不安を覚えました。暗闇と静けさに押しつぶされそうになりながら、朝を待つ。自分の弱さと未熟さを思い知らされる時間でした。

ですが、明るくなるにつれ不安は払拭《ふっしょく》され、元気が湧いてきます。不安に耐えて迎えた朝は、感動的です。空気が澄んでいて、爽快《そうかい》でした。

暗闇を越えた先に、またひとつ強くなった自分がいました。闇に耐える。孤独に耐える。コントロールできない自然の中で、自分の心をコントロールする。圧倒的な自然の中に、あえてひとりで飛び込んでいくことに、「孤独の美学」のようなものを感じることができたのです。

太陽の力は偉大です。そのあたたかさは、前を向く力を与えてくれます。

かつて、マイナス30度の過酷な環境下でビバークを余儀なくされたことがありました。眉《まゆ》も凍るほどの寒さの中、待ち望むのは太陽です。

ビバーク中、極度の疲労状態から眠気に襲われ、ついウトウトとストーブの前で眠り込んでしまいました。ハッと目が覚めたとき、身につけていた手袋とダウンジャケットに火が移り、燃えていました。ツェルト（軽量の簡易テント）の中を羽毛が舞っているのを見て、一瞬「鶏小屋かな？」と錯覚を起こすほど（笑）、心身ともに追い込まれていたのです。

それでも夜が明け、太陽が上がってくると生気が戻ってきます。滞っていた血流が勢いよく流れ出すような活力を覚えました。あれほどつらくて、あれほど不安だったのに、太陽に包まれたとたん、希望に満たされる。太陽には、肉体的にも、精神的にも、人を励ます圧倒的な力があります。

私は何度も、太陽に助けられました。厳しい状況に追い込まれ、生死の境に立たされながら、それでも私の心が折れなかったのは、「耐えて待てば、必ず日が昇る」、そして「日が昇れば、新たな希望が生まれる」ということがわかっていたからです。

山は、心を強くします。

日本では古来、山岳信仰があります。寺院の門を「山門」と呼ぶのは、お寺が山に建てられていたからです。山伏（修験者）が修行の場所に山を選んだのも、人間の日常生活からはかけ離れた「神仏の宿る場所」として崇《あが》めていたからです。

私は特定の宗教を持ちませんが、それでも山に身を置き、「暗闇の中でひとり朝を待つ」という経験をするなかで、「平常心を保てる心の強さ」を身につけた気がします。

## 人生は「選択」の繰り返し

成功する確率が50％の挑戦は、冒険とはいいません。博打《ばくち》です。

成功する確率が51％以上あるから、49％のリスクを取ってでも挑戦する。これが冒険です。

51％の可能性を模索しながら、最後に自分がそこに到達したときの状況をイメージする。成功するイメージが持てるのならGO。持てないのなら、やめる。

たとえば吹雪の中、松本《まつもと》駅に降り立って、「これから雪の穂高《ほたか》の山に入っていく」ことを想像すると、逃げて帰りたくなるくらい怖くなる。それでも、心を鼓舞して入っていくことができたのは、過去の経験に裏付けされた成功のイメージが持てたからです。

私の考えるリスクマネジメントとは、「成功の可能性を高めるために想像力を働かせ、先々に起こりうるあらゆる事態に備える」ことです。

しかし、想像をして準備を整えても、想定外の障害に直面することがあります。ある日突然、想像を超えた事態が勃発《ぼっぱつ》することもある。

想定外の事態に見舞われたときは、臨機応変な対応が求められます。その場で「どうするか」を瞬時に判断する以外、ピンチを脱する方法はありません。「ああすればよかった」「あれも用意しておけばよかった」と過去を悔やむ余裕もなく、すぐに前を向き、未来を見据えて最善を尽くすしかありません。

創業当時のモンベルは、自社ブランドを持たず、スーパーマーケットのショッピングバッグや、大手スポーツメーカーの下請けで収入を得ていました。それで目先の売上をつくることはできても、将来の保証はありません。また、私たちが企画から製造まで努力してつくり上げた商品であっても、モンベルの名前は一切表記されないため、消費者にモンベルを知っていただくことはできません。

モンベルがA社の下請けをしていたときのことです。

納入した商品の売れ行きが好調でありながら、いつまでも追加注文がこなかったことがあります。

「おかしい」と思っていた矢先、想定外の事態に陥りました。

私たちが製造したわけではないのに、私たちが企画した商品が店頭に並ぶようになったのです。不審に思って納入先に連絡をしてみると、仕入れ担当者から、思いもよらない返事が戻ってきました。

「モンベルさんはコストがかかりすぎるので、安くつくってくれる別の工場に頼むことにした」

あろうことかA社は、モンベルが企画したものを断りもなくほかの工場につくらせていたのです。当然抗議をしましたが、聞き入れてはもらえない。立場の弱い下請けは、引き下がるしかありませんでした。

下請け仕事を続ける以上、私たちに決定権はありません。下請け会社は、元請け会社の意向によって、仕事量が大きく左右されます。私は、「金輪際、下請け仕事はしない」と決めました。

A社との予期せぬ出来事を機に、私の仕事を選ぶ基準が明確になりました。「モンベルブランドの確立」が進むべき道であることを確信したのです。

私自身は、物事を見極める力を登山や冒険で身につけることができたと思っています。

吹雪の中で登り続けるか、下りるか。自分の命を守るため、仲間の命を守るため、判断をしなければいけない場面が何度もありました。こうした「瞬時の判断」を繰り返してきた結果として、決断する力が身についた気がします。

自然は、人間の思う通りにはならないものです。

登山やキャンプなど自然の環境において、予期せぬ出来事に遭いながら、ひとつずつ判断をして、クリアしていく。

そして決断には、正解も不正解もありません。

人生には、「こう生きれば正解、ああ生きれば不正解」という法則はありません。あるのは、「どちらを選ぶか」という選択肢だけです。

自らが求める目標に向けて歩き出し、目の前に差し出された状況で、

「51％以上の成功確率のあるほう」

「成功のイメージが持てるほう」

を選び、前に進む。仮にその道がうまくいかなかったら、また別の方法を探して前に進んでいけばいい。

人生は「選択」の繰り返しだと思います。

## 出版事業への参入

モンベルグループでは、２０１４年8月から『岳人』という山岳専門誌を発行しています。

中日新聞東京本社の東京新聞事業局長から、「『岳人』が休刊（実質的な廃刊）することになった」とうかがい、私はその場で、「モンベルで引き受けます」と出版事業の引き継ぎを提案しました。

『岳人』は京都大学の有志が１９４７年に創刊。１９４９年から中日新聞社が発行していました。奇《く》しくも１９４７年は、私が生まれた年でもあります。

「日本を代表する山岳雑誌をなくしたくない」「インターネットが普及しても、紙媒体の役割は必ずある」「手元にいつまでも置いておきたいと思えるような雑誌をつくりたい」……。

そう思うと、好奇心を抑えることができませんでした。登山用具メーカーであるモンベルが出版事業を継承することは、無謀かもしれない。ですが、他の人がやれないのなら、やってみたい。

もちろん歴史ある山岳専門誌を引き継ぐのは大きなチャレンジで、解決すべき課題は山積みでした。

「愛読者の期待に応《こた》える誌面がつくれるか？」

「モンベルという特定のメーカーが出版することに支持を得られるか？」

「競合するメーカーからの広告は期待できない」

「毎月締め切りに追われる月刊誌の編集作業を貫徹できるか？」

「中日新聞が苦戦した事業を継承して採算がとれるのか？」

ですが私には、「なんとかなる」という根拠のない可能性への期待と希望がありました。「やる」と覚悟を決め、自分を追い込んでやってみる。それで結果はその先に見えてきます。社内からの公募と社外からの移籍で編集スタッフを集め、自らが編集長となって、総勢8人でスタートしました。

時代を超えて山の魅力を伝えたい。先鋭的なクライマーから、散策を楽しむハイカーや登山愛好者、一線を退いた往年の登山家まで、想像力と冒険心をかき立てる、そんな存在でありたい……。

その一心でプロジェクトを進め、引き継ぎ契約を締結してわずか4か月後には、新生『岳人』の発行にこぎつけました。

流通形態も、出版業界の伝統的な流通システムに依存せず、年間定期購読によって読者の支持を得る方針です。モンベルは、本業でも従来の卸店経由の小売店販売方式から直売店方式に転換し、プライスダウンを成功させました。このモンベル方式を『岳人』でも実践することにしました。

書店に並べて売れ残った雑誌は廃棄処分にするような従来の方式をあらため、年間定期購読者を中心に考える。そうすれば経済的にも環境資源的にも無駄がなくなります。当面は、一部伝統的な流通システムとの関係を保ちながら、主に年間定期購読とモンベル直営店での販売に注力することにしたのです。

40年の企業経営を通じて、新規事業の難しさ、商習慣を打ち破る難しさは十分すぎるほどわかっています。

けれども、きっと方法がある。きっと、なんとかなる。前例のない取り組みを「やる」と決めてから、その方法を考えるのです。

# 第5章　「なんとかなる」

## 打つ手は必ずある

旅支度をするのは、たいてい出発する直前です。

自宅には道具部屋があって、壁一面の収納箱にアウトドアグッズを収納しています。ザックはここ、雨具はここ……と、順番に道具を取っていくだけで、あっという間に準備ができます。たまに忘れ物もありますが……(笑)。

準備万全にしていても、思うようにならないのが世の常です。

それでもこれまで、「なんとか、なって」きました。

思うように物事が進まなかったとき、「この状況では先に進めない」と思考を止めてしまうのではなく、状況を打開するための行動を起こす。「問題に直面してから『どうするか』を考える」という瞬発的な対応力が必要です。

いずれにしても時間は過ぎてしまうのだから、「やる」。やらずになった結果ではなく、やった上でなった結果は後悔しなくて済みます。いやがおうでも時間は過ぎて行くのだから、おのずと結果は向こうからやってきます。予約した飛行機に乗れなくても、次の便、別の便に乗ればいいのですから。

計画がうまくいかなかったとき、人は「失敗」と言いますが、私はそれを「不都合」と考えます。「失敗」はその場で完結してしまいますが、「不都合」は、次の手を考えて先に進めばいい。次の手でも手詰まりをしたら、そのまた次の手を打てばいい。

あきらめない限り、打つ手はあるはずです。


北アルプス穂高岳（穂高連峰）の北尾根に、４峰正面壁という岩場があります。この岩場を目指していたときのことです。

途中、奥又白池《おくまたしろいけ》（穂高岳を目指すクライマーのキャンプ地としても利用される場所）にテントを張る予定でしたが、日が暮れてしまい、キャンプ予定地までたどり着くことができませんでした。

周囲を見渡しても、テントを張れる場所はありません。水場もない。

結局私は、テントを張らず、その場で野宿することに決めました（岩のくぼみに溜《た》まった水を集めて料理しました）。正常な状態から逸脱してしまっても、なんとかなるものです。

後ろを振り返って、「ああしておけばよかった、こうしておけばよかった」と後悔するより、

「どうすれば駒を前に進めることができるか」

を考えたほうがいい。

カヌーと同様、目前に現れた障害を瞬時に判断して、パドルを漕《こ》いで乗り越えて進む。

プラモデルの製作途中で部品をひとつなくしてしまったとしても、あきらめず、手持ちの部品や、別の部品を代用して、設計図と違うものになっても、作品をつくり上げる。

どんな形であれ、少しくらい計画と違っても、最後までやり遂げたほうがいいのです。

## 「行き当たりばっ旅」で、予期せぬ出会いを楽しむ

旅には、大きく2つのスタイルがあります。

ひとつは、「綿密に計画を立て、入念に準備をする」スタイルです。

たとえば、登山がそうです。

登山には、高山病、増水、滑落など、多くの危険がつきまとうため、計画と準備をおろそかにはできません。準備を怠ると、命の危険にさらされることさえあります。

どの山に登るか決めたら、思い描く目標に向けて計画を立て、途中で起こりうる事態を想定しながら準備をする。このスタイルの旅は、計画に従って段取りよく遂行するからこそ得られる達成感があります。

もうひとつは、「下準備のない、行き当たりばったり」のスタイルです。私の場合、登山と違い、命に関わる可能性が低い旅は、行き当たりばったりのほうが性に合っています。下調べも、下準備もそれほどせずに旅に出ます。

休日には、「今日は１日、どこかに行ってくるから」と家族に言い残して、予定を決めずに家を出ることもあります。その時点では目的地を決めていないので、「どこか」としか伝えられません。

車を走らせ、高速道路のインターチェンジが見えてきたときに、「よし、琵琶《びわ》湖に行ってみよう」とか、「よし、信州《しんしゅう》に行ってみよう」と目的地を決めます。

家族旅行も、行き先を決めないことがしばしばです。

娘が結婚する前に最後の家族旅行をしたときのことです。日程は先に確保したのですが、当日まで行き先を決めていませんでした。家族みんなでとりあえず空港まで行って、行き先と空席の表示を見ながら、「じゃあ青森にしようか」と（笑）。

計画も予定も組まず、「走りながら考える」「頭に浮かんだ場所に行く」と、そこに思いがけない出会いや発見があります。

最近では、航空会社の「当日シニア割引」（出発空港にて空席がある場合に利用できる割引航空券）を使い、その日に空席のある飛行機に乗って旅をすることもあります。

当日シニア割引は格安ですが、事前に予約を入れることができません。当日にならないとどの路線に空席があるかわからない。

大型バッグに最低限のキャンプ道具を入れ、空港に出向き、「空席のある便」に乗る。到着後、レンタカーを借りて、あとは地元の人に話を聞きます。私の場合、どこへ行っても取引先や知り合いがいますから、泊まる場所（キャンプ場）を紹介してもらえます。宿が見つからなければ、車中泊をしてもいいし、テント泊でもいい。「泊まること」が目的ではないので、雨風が凌《しの》げればＯＫです。こうした「行き当たりばったり」の旅を、「行き当たりばっ旅」と呼ぶ人もいます（笑）。

そうして、すべてを成り行きで受け入れること。好奇心を持って飛び込んでいけば、行き当たりばったりでも、そこに何かが見えてきます。

観光スポット、宿泊先、食事をするレストランなど、事前に細かく決められている旅も、もちろん楽しいですが、予定を立てない「行き当たりばっ旅」にチャレンジしてみませんか。

## いっそ台本を捨ててみる

コメディアンの萩本欽一《はぎもときんいち》さんは、浅草《あさくさ》修業時代、コントの脚本も事前の打ち合わせもない中で舞台に立っていたそうです。

仕込んだネタを見せるのではなく、客席の状況に合わせて臨機応変に立ち回る。台本には、「コント」とだけしか書かれていませんでした。

台本に従うのも芸、アドリブも芸、どちらも芸だと思いますが、台本では表現できない笑いこそ、萩本欽一さんの真骨頂なのだと思います。

台本通りにいかないのが人生です。そこをアドリブで切り抜けていくのが醍醐味《だいごみ》です。大きな目標を決めたら、あとはその時々で瞬間的に判断し、決断をしながら対応しなければなりません。台本をあてにしすぎると、予想外の事態が発生したときに、うろたえてしまうことがしばしばあります。

以前、アメリカの「パタゴニア」本社で講演を頼まれたことがありました。いつもなら、せいぜい、開演の30分ほど前に話す内容を考えるのですが、このときはうまく英語で話してやろうと、事前に英語の台本をつくり込み、スライドを用意して準備万端整えていました。ところが、意気込んで講演をはじめたとたん、照明がすべて消えてしまって、原稿が読めなくなってしまったのです。

このときばかりは大慌てで、言葉に詰まってしまいました（笑）。

先日も、ある会合で司会進行を頼まれ、「このとおり読んでいただければ大丈夫です」と台本を渡されたので、一言一句違《たが》えずに読もうとしたのですが、嚙《か》むし、読み間違えるし、散々でした。私には、「人が書いたものを間違えずに読む」という能力が欠如しているようです（笑）。

そもそも、野遊びには台本がありません。自然の中は、予定外のことばかり起きます。台本があったほうが実力を発揮できる人もいれば、私のように、ないほうがうまくいく人間もいます。

いっそのこと、台本を持たない人生を楽しんでみるのもいいかもしれません。

## 旅の「情け」が身にしみる

高校1年生のとき、東北の山々を縦走したことがあります。

ある温泉地に差し掛かったとき、土砂降りの雨に見舞われました。テントを張ることもできないので雨宿りする場所を探していると、湯治小屋が見つかりました。ご主人が「良かったら、泊まっていきなさい」と声をかけてくださったので、ご厚意に甘えることにしました。

濡《ぬ》れた体を温めようと、さっそく温泉に入ったのですが、誤算が2つありました。

ひとつ目の誤算は、男女混浴だと知らずに入ってしまったことです。

私がひとりでお湯に浸《つ》かっていると、あとから女性が何人も入ってきて、出るに出られず、のぼせ上がるほど湯船に浸かり続けました。

もうひとつの誤算は、盗難にあってしまったことです。

長湯から解放されてようやく温泉から上がると、財布を盗まれていたのです。温泉に入ってのぼせているうちに、身ぐるみはがれてしまいました。

食料を買うお金もなく、次のキャンプ場に着くと、五組くらいのグループがいました。そこで彼らに「今日、みんなで食べ物を持ち寄って、キャンプファイヤーをやりませんか？」と声をかけました。

私には食料がないので、「彼らが持ち寄った食料の中から、少しだけお裾《すそ》分《わ》けをしてもらえば、旅を続けられる」と考えたのです。

けれど私の甘い算段は、すぐに見抜かれたようです。

私の振る舞いを見れば、一目瞭然《りょうぜん》でした。キャンプファイヤーが終わったあと、出会ったばかりの私に、「お米をあげる」「このナスあげる」と、みんなが食料を分けてくれたのです。まるで托鉢《たくはつ》でもしているかのように、私の手元に食料が集まりました（笑）。

帰りの列車の特急券まで盗まれたので、鈍行列車を、雫石《しずくいし》（岩手県）から大阪まで乗り継いで、２日間近くかけて戻りました。

お金がないから車中での食事はできません。キャンプ場でいただいたお米はありましたが、まさか車内でお米を炊くわけにもいきません。

八幡平《はちまんたい》から雫石駅に向かってとぼとぼ歩いていると、田んぼで野良仕事をしているおばあさんを見つけました。「すいません、このお米を炊いてくれませんか？」と思い切ってお願いをしました。

するとおばあさんは驚きもせず、「いいですよ」と快く引き受けてくださったのです。仕事の手をやすめてわざわざ自宅に戻って、かまどに火を入れてお米を炊いて、おにぎりをつくってくれた上に、おいしいキュウリの漬物までハンゴウに入れて持たせてくれました。

「旅は道連れ世は情け」という諺《ことわざ》があります。

道中で出会う人々に救われ、助けられ、旅先だからこそ、なおさら心にしみる人の情けややさしさを感じることができます。

こうした「行き当たりばっ旅」は、人との出会いがつくり出す物語をいっそう思い出深いものにしてくれます。

## 自らの冒険を志す

江戸《えど》時代末期に、関東から南東北の農村復興に尽力した二宮尊徳《にのみやそんとく》（二宮金次郎《きんじろう》）は、現世を「天道」と「人道」という2つの世界観から表現しています。

天道とは、自然の道のこと。

万物は等しく天の恵みを受けていて、穀物であれ雑草であれ、天の下では区別がありません。

一方、人道とは、人間が人為的につくった道のこと。

人の身に便利なものを善、不便なものを悪とする。人道に従えば、穀物は善であり、雑草は悪（雑草を除去する行為は善）となります。

すなわち人道は、人が人のためにつくった理《ことわり》です。しかし本来それは、自然と調和して生きるための考え方でした。

けれど現代に生きる私たちは、「こうあるべきだ」「こうすべきだ」という見えないルールや常識を過剰に意識するあまり、身動きが取りにくくなっている気がします。

「人は、こうあるべし」という固定観念を持ち、人と同じように振る舞うことを「善し」として、自分の考えや意見をまわりに合わせているのではないか……。

自分たち人間がつくった理に、自分たちが縛られている……。山に登り、自然界に身をおくと、そんな人間界の矛盾に気づかされることがあります。

特に日本人には、同質的・同調的で、横並びを重視する文化が根付いています。人と同じ、みんなと同じであることで安心を得ようとする。他人の顔色をうかがい、他人の目を気にする。「個性が大事」だと言いながら、個性の許容範囲が狭く、枠からはみ出た人はたちまち「異端」とみなされます。

一方で欧米の社会では同質であることの価値より、「人と違うように振る舞う」ことこそ「善し」とします。

多くの遭難者を出したアイガー北壁に登ろうと決めたのは、「人がやらないことを命がけでやること」に憧《あこが》れたからです。

大学に進学しなかったのも、高校時代に「アイガー北壁に登る」「山に関わる仕事を生業《なりわい》にする」と決めていたからです。私の夢は、当時の高校生の常識（＝大学に進学する）から大きく外れていたわけです。

高校では理工系の進学クラスに入っていましたが、当時の大学はどこも70年安保反対の学生運動で騒然としており、大学で4年過ごす時間がもったいない。

受験シーズンに入ると、親に「信州大学を受験する」と嘘をつき、友人と2人で冬の西《にし》穂高《ほたか》岳に行きました。

本格的な冬山登山を経験して自信がついた私は、家に戻ったあと、「受験に失敗したから、就職していいか？」と父親に尋ねました。

当然、反対されると思っていました。

当時も肩書きや学歴を重視する風潮でしたから、「大学に行かない」という選択は、常識的ではありませんでした。

ところが、父親の返事は意外なものでした。

「そうか、おまえの好きにすればいい」

今にして思うと、16歳で単身満州《まんしゅう》（中国）に出て働いた父親の生きざまと、自らの人生経験から得た価値観が、そう言わせたのだと思います。

私の両親は、「子どもの決めたことは支えてやろう」という気概を持っていました。

私の息子も、大学を卒業していません。彼は私と違って、一度は大学に入学しました。ですが、「大学がおもしろくない」と言う。

私　「大学はおもしろいか？」
息子「全然おもしろくない」
私　「おもしろくなければ、やめろよ」
息子「え？？？？　やめてもいいの？」
私　「当たり前やないか。おもしろくないことを4年間もやるなんて、時間がもったいないやろ」
息子「本当にやめてもいいのか？」
私　「もちろん。中途半端に大学にしがみついていじましく単位を取るより、いさぎよく中途退学してやりたいことをやったほうが、よっぽどかっこいい（笑）」

普通の父親なら、「もう少し頑張れ。せめて大学は卒業しろ」と尻《しり》を叩《たた》いたかもしれません。でも、私はそうは思わなかった。「俺も大学に行かずにやってこられたんだから、おまえも好きにしろ」と息子に伝えました。将来を考える一番大事な時期に、やりたくないことにエネルギーを費やすのはもったいない。そう思って即答したのです。

その後息子は大学を辞め、以前から興味のあった自動車関連の会社に就職。現在はモンベルの３代目社長として経営の最前線に立っています。

もちろん、迷惑行為や犯罪行為といった社会通念を逸脱した行為は、非難されるべきです。ルールは守らなければならない。

その上で、「こうあらねばならない」という思い込みや固定観念を捨てて、自分の頭で答えを出す。他人と比べることなく自らが選択した道を進むことが、自分らしく生きる要《よう》諦《てい》と思います。

## 「失敗」ではなく、「不都合」と考える

朝起きると、いちばん楽しいことを考えます。忘れる能力が高い私は、ネガティブな気持ちを翌日まで引きずることはあまりありません。

あるとき、友人から、「辰野は『失敗』という概念を持ってないんと違うか」と指摘されました。たしかに、「そうかも」と自覚しています。

登山でもカヌーでもビジネスでも、思い通りにいかないこと、狙い通りの結果にならないことは、山ほどあります。

でも、私にとってそれは、

「不都合」

なのです。

「失敗」と捉《とら》えると、その時点で完結してしまいます。ですが、「不都合」だと解釈すれば、前に進むことができます。不都合を是正・修正・修復すればいいからです。

1979年2月、私はオーストラリアとニュージーランドへ飛びました。その年は暖冬で、冬用の商品が思うほど売れない。なんとかして売りさばく方法はないか……。ふと思いついたのが、「南半球でセールスをすること」でした。

「南半球はこれから冬が到来するので、需要があるのでは」と考えたのです。

すぐにチケットを手配して、オーストラリアのメルボルンに向かいました。訪ねるあてはまったくなかったので、電話帳を開いてアウトドア用品店にかたっぱしから電話をかけ、アポイントメントを取り付けました。

どのショップも好意的でしたが、オーストラリアでは輸入関税が70%（当時）もかけられるため、値段の折り合いがつきませんでした。日本で売れ残った商品だとはいえ、値引きにも限界があります。

シドニーでも結果は同じでした。

1日に10軒ものショップを回り、同じことを1から10まで説明する。それでも、滞在中に注文をいただくことはありませんでした。

その後はニュージーランドへ渡ったのですが、結果は同様でした。そもそもニュージーランドの当時の人口は約300万人。日本の約4分の3の面積の国土に、大阪府よりも少ない人間しか住んでいません。

成果は挙がりませんでしたが、この経験を通して、オーストラリアの商習慣を学ぶことはできました。

出張先のオーストラリアで買った土産用の世界地図は、日本のそれとは違って、南極が上に、北極が下に描かれています。日本人は、地図の上に北極があるのが当たり前だと思っています。しかしそれは、固定観念です。日本の世界地図と、その世界地図では、「北を上にするか、南を上にするか」が違い、それだけで、地球の見え方がまったく違います。

その後、アメリカ、西ドイツ、オーストラリア、イギリスに対して本格的な輸出を開始。1990年には「モンベル・ヨーロッパ」、1991年には「モンベルUK」「モンベル・アメリカ」を設立。モンベルが世界に向けてメッセージを発信することができたのには、オーストラリアとニュージーランドでの経験が大いに役立ちました。


私はかつて、娘からこう言われたことがありました。

「お父さんは脊髄《せきずい》でものを考えているよね」

言い得て妙です。何かを思いついたら、頭で考えるより先に体が動いている。

たとえば、崖《がけ》の上にユリの花を見つけたとします。「あのユリがほしい」と思った瞬間に、すでに足が一歩前に出ています。

思慮深い人は「ユリがほしい」と思っても、「でも、あの崖に行く途中には川があるだろう」「あの岩場は登れないだろう」と推測して、「手にしたい」という気持ちに蓋《ふた》をする。

私は、川に阻まれたら、「丸太」を探します。

丸太がなければ、遠回りして浅瀬を探せばいい。丸太が見つからなくても、それは「失敗」ではありません。「丸太がない」という不都合が生じただけ。だとすれば、その不都合を解消する別の方法を考えればいいことです。

一見違う方向に進む私を見て、他人は、「あきらめた」と思うかもしれない。ですが私の中では、そのユリに向かって歩みを進めることを考え続けているのです。

遠回りすることになっても、その目的への道を探すことが人生の醍醐味です。

さらに言えば、結果的に目指すものが手に入らなくても、「そこへ向かって歩き続けたプロセス」にこそ価値があり、人生そのものだと思います。

## 心のバランスをとる

中学時代に金剛山へ登って以来、私は山に魅せられました。ですが、そんな私が山への興味を失いかけた時期があります。

23歳のときです。

当時私は、大阪の登山用品店に勤めていました。結婚して新婚旅行から帰ってきた3日後、上司との人間関係のトラブルが原因で、私は会社に退職願いを提出しました。

社長から「一本気なのはいいが、それでは世の中は渡っていけない」と引き止められましたが、私の気持ちは変わらず、退社しました。

新婚早々、無職です。高校時代の同級生だった妻は、一瞬、あきれた様子を見せたものの、「そう」とだけ言って、あとは何も聞こうとしませんでした。

仕事がないため、しばらくは経済的に妻の世話になりました。軽自動車で妻を会社に送り迎えするのが私の日課です。失業中は、時間がたっぷりあります。ですが私は、一度も山に行きたいと思わなかったのです。

以前、友人の風間深志《かざましんじ》さん（バイクによる「エベレスト登攀《とうはん》」「北極点到達」「南極点到達」を成し遂げた冒険家）に、「俺のやっていることはなにもかも中途半端だ」と吐露すると、彼は「すごい自信だね」と返答しました。

「『もっと仕事に打ち込んでいればもっと大きな会社にできたはずだ』とか、『もっと真剣に登山に打ち込んでいれば、もっとすごい登山家になれたはず』と思っているんだね？」

働かずに冒険に徹する生き方も、冒険をせず仕事だけする生き方も、家庭を守るだけの生活も私にはできない。仕事が順調で家庭も安泰だからこそ、山に登れる。

山ばかり、仕事ばかり、家庭ばかりでは、自分の心のバランスが崩れてしまいます。仕事、山、家庭の、自分にとって居心地がいいバランスをとってきたのです。

歌人であり登山家の百瀬慎太郎《ももせしんたろう》は、「山を想えば人恋し、人を想えば山恋し」という名句を残しています。

単独行をしていると、人が恋しくなる。関わった人たちのことを愛《いと》おしく思う。人の中にいると、山が恋しくなる。非日常の世界への憧れが募る。

両方を知るからこそ、それぞれの愛おしさがわかるわけです。まさに心のバランスをとることが大切だと思います。

## 馬なり　道なり

リバーカヤックで大切なのは、積極的な対応力です。流れに身を任せればコントロールを失います。

進みたい方向を定めて漕がなければ、流れにもてあそばれる。「どうしようか」と迷って手を止めると、たちまち転覆させられる。

先を予想し、瞬時に行動、実行する。登山も、カヤックも、ビジネスも、人生はこの繰り返しです。

しかし一方で、無理せず「身を任せる」ことも、時には大切です。

本にサインを求められたとき、私は、座右の銘を添えます。

「馬なり　道なり」


この言葉は、私が思いついた言葉です。

馬に乗ったら手綱を引かず、鞭《むち》を入れずに、馬が行くままに身を任せる、道のままに身を任せる、という意味を込めました。

山の不整地で、馬は路面を見て、水溜まりや岩を避けて進みます。だから、無理に引っ張ったり、押したりしないで、馬に身を任せたほうがいい。

「自然体」に生きる。そんな生き方ができればいいと願っています。

「馬なり　道なり」は、私自身を諭す言葉であり、私の憧れの生き方なのです。

# 第6章　「好き」を仕事にする

## 人と比べない。自分の尺度で生きる

山が好きな理由はいくつもありますが、そのひとつが「登山には勝ち負けがない」ことです。

「100メートルを何秒で走れるか」を競い合うものでもなければ、相撲や柔道のような勝ち負けもありません。

登山にはさまざまなスタイルがあるし、天候や季節によって条件が違います。優劣をつけることにあまり意味がない。登山も冒険も、人と比べるものではなく、自らへの挑戦です。

前述したように、私が大学に進学しなかったのは、「アイガー北壁に挑戦する」「山に関わる仕事を生業《なりわい》にする」という目標が明確だったからです。

やりたいことが決まっているのなら、大学に進学する必要はない。当時の私はそう考えていました。ですが、もうひとつ、進学しない理由がありました。

「人と比べられるのが嫌だったから」です。

劣等感の裏返しなのかもしれませんが、私の中には、「人と比べられたくない」という思いがあります。比べられたくないから、競わない。

じつは、高校時代の私には、京都大学への憧《あこが》れがありました。バンカラな校風はもとより、京都大学には、数々の学術探検登山派遣の母体となった京都大学学士山岳会があったからです。

しかし、逆立ちをしても京大には入れない。それなりの大学に入ることはできても、その肩書きを背負い続けることに抵抗があったのです。それならいっそのこと、大卒の肩書きはないほうがいい。そう思って、就職する道を選びました。でもその私が後年に、京都大学の特任教授を拝命したのはなんとも不思議な成り行きです。

私の中には、人を一生学歴で比較評価する社会の風潮に対して、疑問とアンチテーゼのようなものがありました。自分で会社を創業したのも、自分の価値観で事業を進めることができるからです。

モンベルの経営においても、他社と比べないスタンスは変わりません。「モンベルを世界一売上のあるアウトドア総合ブランドに育てる」という目標を立てたとしたら、他社と「勝つか、負けるか」を競うことに汲々《きゅうきゅう》としなければなりません。

そして、たとえ売上が世界一になったとしても、追いかけてくる競争相手と争い続けなければなりません。

モンベルは、終身雇用の日本型経営を実践しています。能力主義ではなく、多様な人材が、それぞれの特技や能力を生かしながら互いに支え合い、補い合っていくのがあるべき社会の仕組みだと考えているからです。

企業の社会的責任の第一歩は、従業員の雇用を維持することです。

「日本一儲《もう》かる会社」ではなく、「世界一幸せな会社」を目指す。でも実は、それは今すぐにも達成することができます。

自分がそう思えればいいのですから。

## 「お金に不自由しない人」

私の両手の手相には、「マスカケ線」と呼ばれるめずらしいものがあり、この手相の持ち主は、「お金に不自由しない」のだそうです。ちなみに妻、子どもや孫までもマスカケ線があります。

繊維商社に勤めていたとき、同僚と先輩が家に遊びに来たことがありました。「ビールでもふるまおう」と思って冷蔵庫を開けたのですが、ビールがない。妻に、「ビールを買ってきてほしい」と頼むと、「お金がない」という返事。ツケ払いにしてもらって買いました。

後日、同僚から、

「辰野はマスカケ線があって、お金に不自由しないというけれど、ビールを買うお金もなかったじゃないか（笑）。おまえは、お金に不自由しないのではなくて、お金に不自由したと思ったことがないだけじゃあないか（笑）」

と言われました。言われてみればその通りで、大いに納得しました。

「お金持ち」の定義は、自分がどれだけ満足しているかによって決まります。

1億円お金を持っていても、「もっとほしい」と思っている人は貧乏人。たとえ500

円しか持っていなくても、不自由していると思っていなければ、お金持ち。

若いころ、背広のポケットから500円玉が出てきたとき、妻と一緒になって「ああ！500円だ！」と大喜びした私は、同僚の言うように、不自由したと思ったことがない人間なのです。

経営者である以上、経費をまかなうお金を稼がなければなりません。でも私にとって、お金は手段であって目的ではない。利益を出すことが目的ではなく、お金は会社を維持して自分たちの志を果たすために必要なものなのです。

「幸せ」の定義も主観的なものです。「幸せ」という絶対的な概念はなく、人の数だけ幸せの形はあります。

今の状況が、「幸せ」だと思えば幸せで、「不幸」と思えば不幸になる。「幸か不幸か」を決めるのは、結局のところ自分自身です。

たとえ「質素な生活をおくっている」としても、たとえ「車が買えない」としても、たとえ「家が建てられない」としても、「自分は幸せだ」と思うことができれば、人は幸せなのです。

## 一歩をどちらに踏み出すか、それを決めるのは自分自身

「自分で会社を起業するのは、大変ではありませんか？」

と聞かれることがよくあります。

振り返ればたしかに、「困難な道」を選んで歩いてきたように思います。でもそれは自分が求めて歩んできた道ですから、楽しむことができるものです。

以前、アメリカの友人に次の言葉を教えてもらったことがあります。

「Do what you like. Like what you do.」（好きなことをやりなさい。そして、やっていることを好きになりなさい）

私は、この言葉を、

「それが何であれ、自分で選んだ道なのだから、もっと楽しみなさい」

というメッセージだと解釈しています。

登山であれ、ビジネスであれ、自分の好きなことがやれているのですから、困難があろうとも苦痛と思わず、むしろそれすら楽しみとなる。

「誰も試したことがないこと」をやろうとすれば、うまくいかないことばかりです。ですがそれも、自分が望んだことです。

登山家のための商品をつくること。

それが私の「やりたかったこと」です。

「好きなことを仕事にしないほうがいい」と言う人がいます。でも私は、「好きなことを仕事にするのが一番いい」と考えています。なぜなら、「好きなこと」「自分で選んだこと」なら、苦労を厭《いと》わずに頑張れるからです。「好き」を仕事にすることこそ、人生の醍《だい》醐《ご》味《み》ではないでしょうか。


「人はなぜ働くのか」――つきつめれば「幸せになるため」です。だとすれば、苦労が多くても好きなことを続けるほうが幸せになれるに違いありません。

「自分がしていることは本意ではない」と言う人もいます。

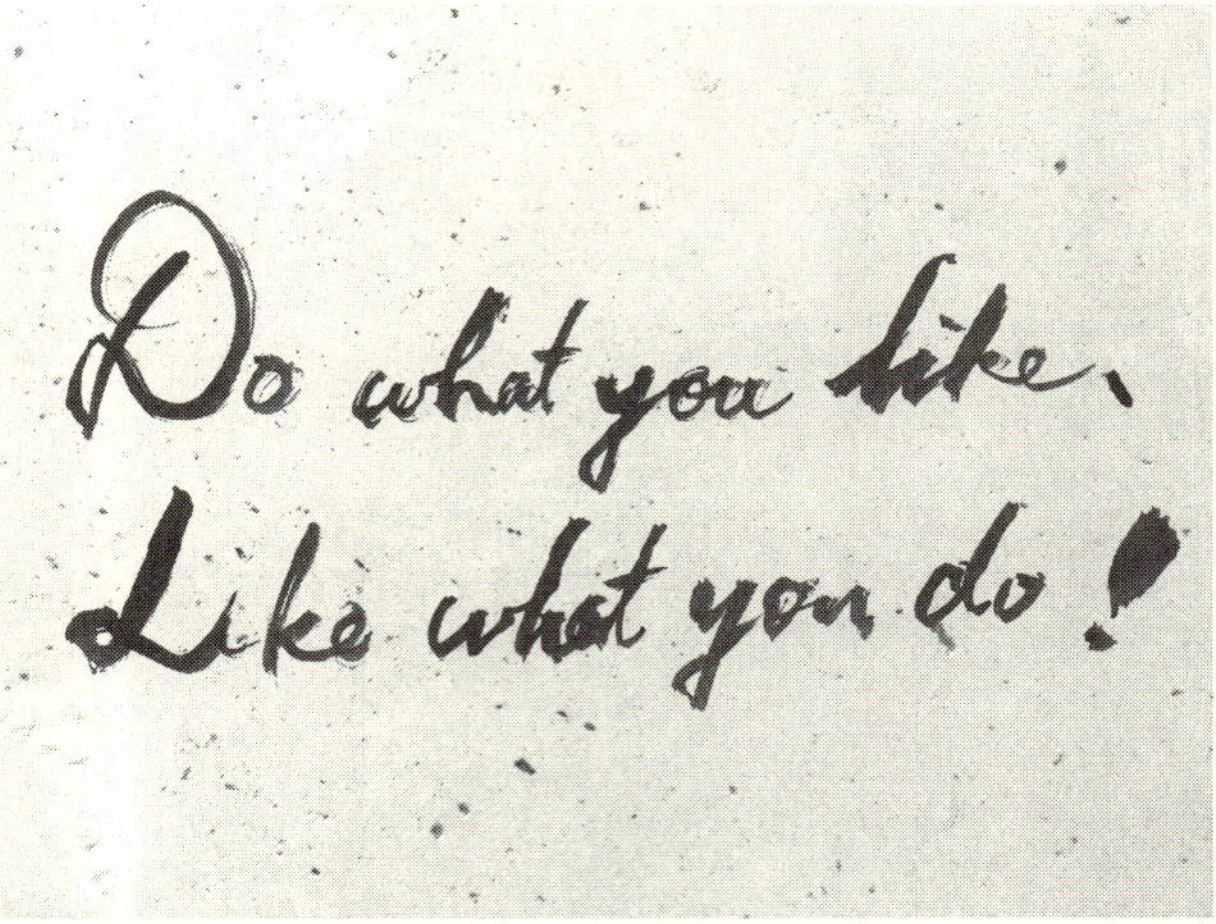

「Do what you like, Like what you do!」

とはいえ、「その仕事」を決めたのは、自分自身のはずです。

「Like what you do.」

つまり、やっていること、自分が選択したことを好きと思えるか思えないかで、人生観は大きく変わります。

## チャレンジ

モンベルのキーワードは「チャレンジ」です。

あるアメリカ企業が主催する「冒険大賞」の審査員を引き受けたとき、ミシガン大学で心理学の教鞭《きょうべん》をとる先生と話す機会がありました。彼に「人はなぜ、命をかけて冒険をするのか」を尋ねてみると、こう答えてくれました。

「命をかけて、他人のしないことをする人間は、全人口の0・3％しかいません。神が創造した突然変異とも言えますね（笑）。そして、少なくとも人間にとって進化した現代社会は、その0・3％の人々がつくり上げたものなのです」

好奇心を持って、誰もやったことのない挑戦をする。それが人間ならではの特性であり、それが「冒険」です。

全身麻酔を開発した華岡青洲《はなおかせいしゅう》も、黄熱病の病原体解明に挑んだ野口英世《のぐちひでよ》も、天然痘ワクチンの開発者であるエドワード・ジェンナーも冒険者であり、彼らのような先人たちが未知の領域に挑んでくれたおかげで、今、私たちは快適な生活を享受できています。

私は、自分が「0・3％の選ばれた人間だ」とは言いません。それでも、「誰もやったことがないこと」「人と違うこと」に挑戦する意欲を持ち続けているのは事実です。

「誰もやったことがないこと」「人と違うこと」には無論、先行事例はありません。自分の頭で考えなければならない。

私は、経営を学問として学んだ経験はありませんが、ある日、書店に並ぶ経営書（ビジネス書）を手にしたことがありました。

ソニー創業者、盛田《もりた》昭夫《あきお》氏の共著『ＭＡＤＥ　ＩＮ　ＪＡＰＡＮ　わが体験的国際戦略』（盛田昭夫・下村満子・Ｅ・Ｍ・ラインゴールド著、朝日新聞社）でした。

盛田氏は、アメリカに進出する際、「ソニー」のブランドを築き上げるために、下請け生産に応じませんでした。

アメリカの大手家電メーカーから「わが社は五十年も続いてきた有名な会社なんですよ。あなたの会社のブランドなんて、アメリカではだれも知らない。わが社のブランドを利用しない手はないでしょう」と言われたとき、こう啖呵《たんか》を切ったそうです。

五十年前あなたの会社のブランドは、ちょうど現在のわが社のように、世間には知られていなかったでしょう。私はいま、わが社の新製品とともに、五十年後への第一歩を踏み出そうとしているのです。五十年後にはきっと現在のあなたの会社に負けないくらい、わが社を有名にしてご覧に入れます。

（『ＭＡＤＥ　ＩＮ　ＪＡＰＡＮ　わが体験的国際戦略』より引用）

大切なのは「どれだけ儲けるか」ではなく「どう生きるか」。盛田氏のこの男っぷりと気概と信念に、心を打たれました。

物事に臨むとき、「前例があるから、やる」「前例がないから、やらない」ではなく、想像の中で物事を考え、湧き出る自分の思いの中から答えを見つけて行動する。

この先がどうなっているのか、想像力を働かせる。すると「その先を見てみたい」という夢を抱くようになる。そこから先は自分の思いのまま行動すればいい。

そうすればたいていの場合、「なんとかなる」のです。

## 夢を思い続けるから、チャンスを摑むことができる

以前、得意先の営業担当者（Aさん）と旅に出たことがあります。

移動中の車内で、Aさんが私に、「辰野さんはやりたいことをしていて、うらやましい」と言うので、君はやりたいことはないのかと尋ね返すと、彼は「ない」と答えました。

私　　「そんなことはないでしょ！」
Aさん「………」
私　　「学生時代にでも、やってみたいと思ったことは？」
Aさん「あ！　そういえば……！　大学生のとき『シルクロードの旅』がしたかったんです。大阪から船で上海《シャンハイ》まで渡って、そこから列車で西を目指して……」

Aさんが話してくれた旅の計画は、とても緻密《ちみつ》に立てられていました。

私　　「しっかりと計画を練っていたのに、どうして実行しなかったの？」
Aさん「この話を他人にするのは本当に久しぶりで、今まですっかり忘れていました」

社会に出て、日々の仕事に忙殺されているうちに、Aさんは自分の夢を忘れていたのです。「夢」は、それがなければ生きていけないものではありません。夢がなくても生きていける。したがって多くの人が夢を忘れ、現実の世界、自分が置かれた世界で生きているのです。

マーケティングリサーチ会社による調査では、「いくつになっても夢を追い続けていたいと思う」という設問に対しては、肯定派が39％だったのに対し、否定派が25％でした。やや肯定派が上回っているものの、圧倒的な差は見られません。一方で、「夢よりも現実を見つめていかなければと思う」という設問に対しては、65％が肯定派で、「現実志向」に軍配が上がっています（株式会社日本リサーチセンター／18～79歳の一般男女個人、1200名を対象に行った「人生のベクトルの向きは夢？　それとも現実？」調査）。

「いつかしてみたい」という漠然とした夢は、現実の前に埋もれてしまいます。

夢を叶《かな》えたいのなら、その夢を思い続けること。意識し続けることです。

以前、若手ビジネスパーソンを対象にしたビジネスフォーラムで講演をしたことがありました。終了後に、介護用品を販売している参加者のひとりから、「今の仕事は、やりたいことではないんです。どうしたらいいですか？」と質問されました。聞くと彼の夢は「映画監督になること」でした。

私は彼に「どんな映画をつくりたいの？」と尋ねました。

「監督になる」ことは目的ではありません。「何のために」という目的が大切です。彼は、「人に感動を与える映画をつくりたい」と答えました。そこで私は、次のように続けました。

「介護を必要とする人々とふれ合うことで、社会を知り、経験を積むこと。その中で人生の多くを学ぶことができる。

そして、チャンスを常に意識すること。チャンスは誰にでも平等にやってくるものです。でも、意識をしていなければ、チャンスが訪れたことに気がつきません。『チャンスの女神』が横を通り過ぎてからあとを追っても、つかまえることはできません」

## 「とはいえ、それは済んでしまったこと」

「老人ホームで講演をすることがあります。そのとき申し上げているのが、『今のこの時間がこれからの人生の中で一番若い。明日よりも今日が若い。過去を振り返っても元に戻れません』」

以前、東京大学名誉教授で解剖学者の養老孟司《ようろうたけし》先生と対談をさせていただきました。そのとき、冒頭のようにお話ししたら、先生も同様のお話をしてくださいました。

「NHKのニュースなどをご覧になるでしょう。ご覧になったあとに、ひと言つけ加えてください。『とはいえ、済んでしまったことだ』と」

養老先生は、「未来を見ながら生きるのは結構難しい。だから人は過去を見る」ともおっしゃっていました。

「あらゆる情報は、『しょせん済んでしまったこと』」

「いくらたくさん『情報』を集めようと、それはすべて『過去の積み重ね』『済んでしまったこと』にすぎません。それだけを眺めていても、未来に起きることを見越したり、新しいことを発見したりすることはできないのです」

「本当に未来を見据えたければ、まず、前を見なければダメです。では、前を見れば、未来が見通せるのか？　見通せるはずはありません。（中略）じゃあどうすればいいのでしょう？（中略）『覚悟』すればいいのです。どんなことがあっても『覚悟しておけば』どういうことはありません。その都度対処すればいいのです」

（『「バカの壁」はあなた自身です』日経クロステック、２００８年11月25日配信より引用）

私も、同感です。

大切なのは、前を向いてその場の最善の対応を考えることだと思います。

人知の及ばない災害や天災によって不本意な状況に追い込まれたとき、「その状況を好きになりなさい」とはさすがに言い難い。

それでも、今は不本意な環境に置かれていても、「これから先」を考えることはできる。未来を自ら選ぶことはできる。

その先の選択肢は、決してひとつだけではありません。だとすれば、何かに、誰かに選択を委《ゆだ》ねるのではなく、自分の居場所を自分で選び、それを摑《つか》みとる努力をしたほうがいい。そうすれば、悔いのない未来に向かうことができると私は思います。

## 心の日めくりに「晴れマーク（○）」を多く残す

「福聚山《ふくじゅ》　慈眼寺《じげん》」（宮城県仙台市《せんだい》）の塩沼亮潤《しおぬまりようじゆん》　大阿闍梨《だいあじやり》と対談をさせていただいたことがあります。塩沼亮潤大阿闍梨は、「大峯《おおみね》千日回峰行」を満行された史上2人目の修験者として知られています。

「大峯千日回峰行」とは、奈良県吉野山《よしの》にある金峯山寺蔵王堂《きんぷせんざおうどう》から、24キロ先にある山上ヶ岳《さんじようが》の頂上にある大峯山寺本堂《おおみねさん》まで、標高差1355メートルある山道を往復48キロ、1000日間歩き続ける過酷な修行です。

道中に118ヶ所ある神社や祠《ほこら》の前では、立ち止まってお経を唱えます。

行の期間は、毎年5月3日から9月3日までと定められていて、大阿闍梨が満行するまでに、なんと9年の歳月がかかったといいます。

行に入ると、19時に就寝。23時30分に起床。滝行で身を清めたあと、0時30分から提灯《ちようちん》の明かりを頼りに山道を歩きはじめます。持参するものはおにぎり2つと500ミリリットルの水。1日16時間歩き続け、下山してから掃除洗濯、次の日の用意など身の回りのこともすべて行者自身が行います。夏場は暑さと疲労で血尿がでるほど衰弱する。「地獄のような毎日だった」そうです。ひとたび行に入ると途中でやめることは許されず、「万が一途中でやめざるを得ないと判断したならば、所持している短刀で自らの命を絶って、行を終える」という厳しい掟《おきて》があります（大阿闍梨は短刀を常に、懐に入れていたそうです／参考：慈眼寺オフィシャルウェブサイト）。

心身ともにボロボロで一歩も歩けなくなったとき、大阿闍梨に再び歩く力を与えたのは、「山の力」だったといいます。

「足もとに眼を落としたとき、紫色の小さな花に目が釘付《くぎづ》けになりました。この花は、自分が与えられた環境で、どうにか養分を吸収して、絶えず努力して綺麗《きれい》に咲いている。そして私のような疲れ切った人間の心を癒《いや》してくれている。花を見つめているうちに、心がクリアになり、感謝や自己を省みる心が深まって、再び力が湧いてきました」

（『ＯＵＴＷＡＲＤ』No.80より引用）

修行中のコンディションは、毎日「悪い」か「最悪」のどちらか。それでも大阿闍梨は1000日の間、行きたくないと思う日が1日もなかったそうです。

ひとり山の中、手を抜こうと思えば抜ける環境で、なぜ、その精神力を保ち続けることができたのか。

私がその理由を尋ねると、大阿闍梨は次のように答えてくださいました。

「毎日、真剣に、1000日間をすべて白星で飾ろうと思ったんです。あのときどうにか踏ん張ったから、今幸せに生きられているのかもしれません」

仮に「心の日めくりカレンダー」のようなものがあり、「今日は晴れ　○」「今日は雨×」と記していくとしたら、いくつ「○」があったかが、その人の幸せの目安になると私は考えています。

私は大阿闍梨のような練り上げられた強い精神力は持っていません。ですから、「すべて白星で飾る」ことはできないかもしれない。でも、ひとつでも多くの「○印」を残したい。

常に前を向いて、心のバランスを取って、くよくよしないで、その日1日に満足することができれば「○印」をつける。

そして、人生の最期に○印をつけることができれば、「終わりよければすべてよし」。これが私の理想の人生です。

## 「生きていること」が一番大切

古都奈良にある東大寺《とうだいじ》の二月堂《にがつどう》では、毎年3月1日から14日までの2週間、「お水取り（修二会《しゅにえ》）」が行われています。

お水取りとは、二月堂の本尊である十一面観世音菩薩《ぼさつ》の前で、練行衆と呼ばれる僧侶《そうりょ》が天下泰安・万民快楽・五穀豊穣《ほうじょう》を祈り、犯した過ちを悔い改める「悔過《けか》」の法要です。「不退の行法」として、およそ1270年もの間、一度も絶えることなく、連綿と今日に至るまで引き継がれています。

私も奈良に住んでいて、東大寺の福祉療育病院の理事を務めさせていただいています。

先般、法要が終わったあとに、東大寺の狭川宗玄《さがわそうげん》長老とお話をする機会がありました。

2020年7月で満100歳を迎えられた当時でも法要に出ていらっしゃいました（2022年3月にお亡くなりになりました）。

長老は、1944年3月1日、23歳のときに大学を出て間もない僧として、お水取りに参加しました。2週間、二月堂にこもって修行に明け暮れるはずでしたが、3月6日に赤紙（召集令状）が届きました。

終戦間近、長老は静岡県の伊豆白浜《いずしらはま》にいました。軍上層部から、「アメリカ軍が九十九《くじゅうく》里《り》浜か伊豆《いず》半島に上陸してくる。伊豆に行って穴を掘り、穴の中から機関銃で迎え撃て」との命令を受けたからです。ところが物資が枯渇していて、結局、伊豆に着いてもやることがなかったといいます。

8月15日、ラジオのある農家で玉音放送を聴いたそうです。アメリカ軍の上陸に備えて港から消えていた漁船が戻ってくるのを見て、平和を嚙《か》み締めたとおっしゃっていました。

東大寺は、これまでに幾多の戦火や災害に見舞われ、そのたびに再建されました。狭川長老も、「生きて帰れない覚悟」を持って部隊に赴き、無事に生還しました。

100歳になってなお、「毎日が楽しくってしょうがない」と言って破顔する狭川長老を見たとき、私は、

「人間にとって一番大切なのは、生きていること」だと腑《ふ》に落ちたのです。

私も山で大切な仲間をたくさん失ってきました。そんな彼らの死を眼前にして、「生きることより大事なことはない」と心の底から気づきました。

遭難現場にも何度も遭遇しました。今まで元気に話をしていた若者が落石や滑落によって一瞬で命を失います。こうした現場に直面すると、生きることや命の大切さをいやがおうでも実感します。

思い通りにいかないことがあったとしても、停滞や撤退を余儀なくされたとしても、それは、たいした問題ではない。

人間は生きているだけで幸せである……。

マッターホルン北壁に挑む前日、宿泊先のホテルの主人に「成功したら真っ先に報告します」と意気込んで私が言うと、その主人は「タツノさん、生きて帰ってくることが成功なんですよ」と忠告してくれました。

生きていること、生かされていることに感謝しながら、「今日」という日を精一杯生きる。やりたいことを先送りにしないで、一瞬一瞬を悔いなく生きる。

「Do not worry. Just do it. Do not regret!」

（心配しないで、やってみよう。やらなかったことを後悔しないように）

# 第7章　アウトドア義援隊

## アウトドア義援隊発足

科学がこれほど進歩した現代においても、自然災害による被害を完全に食い止めることは困難です。モンベルでは、突如として起こる災害に対して「アウトドア義援隊」として、救援・復旧活動をサポートしています。

その発端は、1995年1月に発生した阪神《はんしん》・淡路《あわじ》大震災。神戸《こうべ》市灘《なだ》区のアパートが倒壊し、その下敷きになってしまった友人の救出に向かって、被災地の惨状を目の当たりにしたことでした。

残念ながら友人の命を救うことはできませんでしたが、被害を受けて閉店していたモンベル六甲《ろっこう》店をベースに、家を失った被災者にテント500張、寝袋2000枚などのアウトドア用品を供給してまわりました。被災者からは感謝され、アウトドア用具が被災地で即役立つことを実感しました。

とはいえ、これほど大きな規模の災害に対してモンベル一社の支援では限界があります。アウトドア愛好家や企業に広く呼びかけて協力を求めました。すると続々と協力の申し出があったので、「アウトドア義援隊」を立ち上げることにしました。

モンベルでは1985年に「モンベルクラブ」を発足していました。年会費1500円のうち50円をモンベルクラブ・ファンドとして、自然保護や障がい者支援などの活動費に充当してきましたが、阪神・淡路大震災以降、被災地支援にもこの基金を使わせていただくことにしました。

2011年に発生した「東日本大震災」では、300トンを超える義援物資と泥出し作業ボランティアなど、長期にわたって支援活動を行いました。

アウトドア義援隊は、モンベル社内に特にそのような部署があるわけではなく、申請して受理された志願者に特別有給休暇が付与されるだけの、あくまで有志によるボランティア活動です。

## 東日本大震災

2011年3月11日、東日本大震災の発生。巨大津波に襲われる海岸線の衝撃的な映像がテレビに映し出され、16年前の阪神・淡路大震災の記憶がよみがえりました。神戸では震災発生直後から、アウトドア用品やキャンプの経験を活《い》かした支援活動が有効でした。「今回もきっと役に立てるに違いない。急がねば！」――翌12日、私は神戸で発足した「アウトドア義援隊」の再開を決断しました。さっそく「人、物、金」のいずれかの支援を、アウトドアに関わる一般人や企業、団体に対してインターネットを通じて募りました。同時に2名の社員を先遣隊として現地に走らせました。

仙台《せんだい》港にあるアウトレットモール内にあるモンベル直営店は、津波の被害をもろに受けましたが、幸い従業員は全員避難して無事でした。先遣隊から、現地でのガソリン補給が不可能との情報があり、私は単身でハイブリッド車を運転して山形に向かいました。

山形市商工観光部の担当者Aさんの紹介で、天童《てんどう》市にある使われていないミツミ電機株式会社の建物を使わせてもらえることになりました。もし、福島の原発が再び爆発する事態になっても、蔵王《ざおう》が楯《たて》となって社員やボランティアの安全を確保できるのではないかと考えたのです。

国道48号で峠を越えれば、仙台まで車でわずか40分の至近距離にある天童市のこの施設には、日常どおりのライフラインが確保されていました。ここに、全国のモンベル直営店

68ヶ所（当時）で受け付けた義援物資をいったん集結させました。物資の仕分けの作業はボランティアが行ってくれましたが、その中に、黙々と作業する地元の小学生の姿がありました。

「いい経験になります」その子のお母さんが私に謝意を示してくれました。

「被災地に入ってボランティアができなくても、この仕事なら私たちでもお手伝いできます。その機会を与えてくれてありがとうございました」

被災を免れた山形の人たちは、県境を１つ越えた被災地の人たちの一助になれて良かったと言うのです。

義援物資はボランティアたちの手によって被災地に届けられました。当初は、毛布や防寒衣料などが喜ばれましたが、そのニーズも徐々に変化していきました。大規模な避難施設に比べて、孤立した住宅や小さな避難所には物資が届いていませんでした。我々は、そんな避難所を中心に物資を配りました。何度も足を運ぶうち、被災者も心を開いて自らの体験を話してくれました。

「娘と孫が、まだ見つからんの……」

避難所になった斎場に当初は１５０人の被災者が避難していましたが、今は7人しか残っていませんでした。

「孫の顔を見るまで、ここを離れられんの」

「……見つかるといいね、おばあちゃん」

「見つかったら、すぐ会いに行けるように、ガソリンを取ってあるんだよ」

彼女は、上目遣いに軽トラックを指差します。悲しみと向き合う被災者を前に、ただうなずくことしかできない自分の無力さを思い知らされました。


物資での支援活動は、震災発生からおよそ1か月でいったん終了しました。被災地でもガソリンの供給が始まって、多少の不自由はあっても、お金さえあればほしいものが買える段階に入っていました。

全国から集まった義援金は、被災地の要望に応じて、下着や灯油などの購入に充てましたが、残った義援金の中から、1人1万円を見舞金として配って回ることにしました。1万円でさえ、受け取った被災者は心から喜んでくれました。ところが役所から、もらえなかった人との不公平が生まれるから「現金は受け取らないように」という達しがあったので、受け取れないという避難所もありました。毛布をもらった人と、もらえなかった人の間に生じる不公平はいいが、お金はだめだと言うのです。「平等の原理」が障壁となって、義援物資の配布が滞ることも度々ありました。

山間部の避難所では、当初から電気以外のライフラインは確保されていました。水は沢水を汲《く》み、燃料の薪《まき》も容易に手に入っていたのです。

一方、市街地ではライフラインの一切が閉ざされ、津波を受けた住宅のがれきの撤去と泥出し作業など大変な状況が続いていました。私たちは義援物資の配布とは別に、泥出し作業を行うことにしました。

震災から2か月以上経過しても、仮設住宅の建設は遅々として進みませんでした。厳しい避難所生活を強いられている被災者たちの住居環境の改善が急がれていましたが、仮設住宅の建設は、指定された団体以外は認められませんでした。仮設がだめなら、本格的な集合住宅を建てよう。これが我々の結論でした。地元の木材を使って、地元の大工さんに建ててもらう。20人程度が生活できる共同住宅です。バイオマスやソーラーのシステムを提供してくれる企業も現れました。原発に頼らない再生可能エネルギーで自己完結できるモデルハウスの提案でもありました。

住宅一棟の建設など、十数万棟の被災住宅を考えれば、焼け石に〝雫《しずく》〟に違いありません。しかし、雫も百滴、千滴、集まれば大きな力になる。1人が1人の手助けができれば、1000人いれば1000人の手助けができる。

復興への遠い道のりも、力を合わせて進めば、必ず立ち直ることができると信じ、行動を起こしました。

「手のひらに太陽の家」と名づけたこの施設は、被災した子どもたちが安心して週末を過ごせる施設として活用されることになりました。

## 熊本地震

2016年4月14日に、阿蘇山を中心に発生した大地震。その被災の中心地、南阿蘇村《みなみあそ》には、モンベルの直営店が1年ほど前から営業を始めていました。地震発生直後には店との連絡もつかず、従業員の安否が心配されました。半日後、幸い全員の無事を確認することができましたが、店長はじめスタッフの自宅は半壊や一部倒壊などの被害を受け、避難を余儀なくされていました。

この地震の特徴は、発生から5日間で2000回以上（有感地震の数）も頻発した余震でした。

最初の大きな震動で避難した被災者が、自宅の後片付けのために戻ったところを、最大震度7の本震が襲ったために建物が倒壊して、多くの命が奪われました。その後も頻発する余震に、被災者は自宅に入ることを恐れていました。

多くは公共施設の駐車場に停めた車の中で寝泊まりしていたため、エコノミークラス症候群を発症するなど、体への負担が大きいだけではなく、狭い空間で過ごすことによる精神的な影響も少なくありませんでした。

そんな被災者に利用してもらうために、モンベル南阿蘇店周辺の芝生広場に50張以上のテントを張り、スリーピングマットや寝袋を提供しました。

さらに、国際NGO「国境なき医師団」の仮設診療所となるよう、大型テントを店舗横の駐車場に設営して提供しました。

東日本大震災から5年、いったん休止していた「アウトドア義援隊」のボランティア活動を再開することにしました。

被災した住民の中には、キャンプの経験もなく、テントで寝ることに抵抗があった方もいましたが、一夜を明かしてその快適さを実感してくれました。「初めてぐっすり眠ることができました」という住民の声を受けて、1人、また1人、我々の用意したテントを希望する人たちが増えていきました。その数は、貸し出しを含めておよそ300張にも及びました。

被災時にアウトドア用品が役立つことは、先の震災支援活動でも実証されていましたが、テントや寝袋、ガスコンロ、食料など、とりわけ調理せずにすぐ食べることができる登山用の乾燥食品は被災直後の混乱時には大変喜ばれました。

その後、自衛隊の炊き出しが各地の避難所に設けられて、大量の温かい食事が無償で供給されるようになりました。

その一方で、再開したコンビニやスーパーマーケットで販売される食料品の売上は低迷しました。夕刻、売れ残ったおにぎりや野菜を片付けるスタッフの姿を見て複雑な思いを抱きました。

被災者にとって無償で供給される食料はありがたいものです。一方で、現地の被災者たちが生業《なりわい》にする食品販売にも影響が及ぶとしたら、これもまた残念なことでした。

被災地の復興は、地域経済の正常化なくしてはありえません。それは、これまでの被災地の実情を見ても明らかです。

最も有効な被災地支援策は現金給付であり、その現金を使った地域経済の復興なのでしょうが、そこにはまた、「公平性」などといった複雑な問題が立ちはだかります。

発災の4日後、モンベル南阿蘇店の店長以下スタッフたちは、店舗の2階にテントを張って寝泊まりしながら、早くも営業を再開することができました。アウトドア用品を被災地で購入できることは、住民のみならず県の内外から駆けつけた支援ボランティアたちにも喜んでもらえました。

アウトドア義援隊に寄せられた義援金はおよそ2700万円、モンベルポイント500万ポイントに及び、モンベルクラブ会員の皆さんから寄せられたこれらの義援金は、南阿蘇村および観光協会などと協議して、地域エコツーリズムの振興に使わせていただくことにしました。

このような災害が地域経済に大きな影響を与えるのが「風評被害」です。とりわけ観光を基幹産業とするこの地域の宿泊キャンセルによる経済的損失は甚大でした。

そこでモンベルでも、地元の行政と連携して、登山道の現状調査と復旧整備など、自然を活用したエコツーリズムを全国に紹介することにしたのです。

## 熊本地震からおよそ1年後

ＮＨＫ熊本放送局から、被災地を巡るドキュメンタリー番組への出演依頼を受けたときのことです。

熊本空港から最初に車で向かったのは熊本赤十字病院でした。救急医療の奥本克己《おくもとかつき》先生からトリアージによる優先順位をつけた医療活動の難しさや、「救急医療棟」の停電による医療現場の混乱など、当時の緊迫した状況をお聞きしました。

その後、被害の大きかった御船町《みふねまち》に向かい、倒壊した家屋で奥さんを亡くされた農家の持田武久さんから当時の話をうかがうことになりました。

最初の大きな揺れで家屋の倒壊を免れた持田さんは、次の揺れに備えて大黒柱の下を寝床にしましたが、奥さんはテレビのある茶の間で寝ることにしていたそうです。

「ワシのいびきがうるさいから、家内は離れて寝てたんよ」

その深夜1時半頃、本震の大きな揺れで目を覚ますと天井が落ちていたそうです。奥さんに声をかけましたが返事がない。およそ2時間後、消防団が駆けつけて持田さんは救出されましたが、奥さんはすでに亡くなられていました。

「なんで消防があんなに早《はよ》うに助けに来てくれたんか？」

持田さんは不思議に思いましたが、奥さんが死の間際に手元にあった携帯電話で「主人を助けてほしい」と友人に連絡したと後で聞かされたそうです。そんな悲しい話を、持田さんは聞き手の私を気遣って、淡々と話してくださいました。

西原村《にしはら》の永田悦郎さんの田んぼでは、水源だった大切畑《おおきりはた》ダムが壊れて給水が断たれ、耕作地にも大きな亀裂《きれつ》が走りました。

「地域を元気にしたい」という思いで、使われなくなった永田さんの田んぼにNPOの有志たちがひまわりの花を植えました。

そして、そのひまわりの種を使ったお菓子づくりを大切畑で始めた「サカタスイーツ」の坂田《さかた》さんご家族を訪ねることにしました。集落にあった23軒の家屋はことごとく倒壊して、今は坂田さんのお宅を含めて3軒しか残っていませんでした。そんな状況の中でも、区長の坂田哲也さん夫妻と三姉妹は「お菓子づくりで復興を目指します」と、その思いを元気に話してくれました。卵白だけを使ったもちもち食感のシフォンケーキやひまわりの種を使ったお菓子など、その評判が広がって熊本県の内外からのたくさんの来客で賑《にぎ》わっていました。

翌朝、崩落した阿蘇大橋《あそおお》の北詰めから、対岸の俵《たわら》山の崩落現場を視察しました。崖《がけ》の上部の不安定な岩石をはがし落とす重機が、頂上部からワイヤーでつるされて無線で操作されていました。基部に崩れ落ちた膨大な土砂を作業員が大型ショベルカーで黙々と整地する姿が印象的でした。

南阿蘇村の長野牧野《ながのぼくや》で牧畜業を営む松岡英幸さんの赤牛は幸いすべて無事でしたが、草原には断層の亀裂が無数に走っていました。下部の亀裂は土を入れて埋め戻されていましたが、上部は今なお多くの亀裂が口を開いていて、尾根には10メートル近い断層がむき出しになっていました。火山灰と腐葉土が年輪のように幾重にも重なる断層は、度重なる阿蘇山の噴火の歴史を物語っていました。牧野の作業道路はズタズタに壊れ、谷筋に6基あった砂防堤も半分は崩壊して見る影もありませんでした。それでも松岡さんは、この年も伝統の牧野の野焼きをボランティアの助けを借りて実行したそうです。「野焼きを1年怠れば牧草地は駄目になる」「祖先から受け継いできた牧野を絶やしたくない」そんな思いが松岡さんを奮い立たせたといいます。

長野牧野と尾根を隔てた谷に「地獄温泉清風荘」（現青風荘）があります。この温泉旅館には、私もこれまで度々お世話になっていました。地震によって建物は大きなダメージを受けて営業を停止していました。

震災直後、公民館で避難生活をされていた経営者の河津誠《かわつまこと》さん三兄弟のご家族をお見舞いしましたが、河津さんは「負けませんよ。必ず再開させます」と力強く話してくれました。その言葉通り、営業再開に向けて、流れ込んだ土砂の片付け作業に追われていました。

ボランティアの一般社団法人オープンジャパン代表が「石巻《いしのまき》で、辰野さんが着ていた雨具をいただきました」と私に声をかけてくれました。東日本大震災以来、彼は各地の災害現場で救援活動をしているとのことでした。彼らのようなボランティアの手助けが、被災地でどれほど役立ったか計り知れません。

地獄温泉の名物、露天に自噴する「すずめの湯」は幸い涸《か》れることなく無事でした。

被災地を訪ねる旅を終えて、歩き疲れた足を「すずめの湯」で温めながら、被災地復興の願いをあらたにしました。

## 新型コロナウイルス

2020年春、新型コロナウイルスが世界中に広がり、多くの人々が感染して命を失っています。わが国でも感染患者を受け入れる医療機関が悲鳴を上げていました。

そんな渦中、住友病院の松澤佑次《まつざわゆうじ》前院長から電話をいただき、「防護服など、医療従事者の身を守る装備が枯渇して、ゴミ袋で代用しているので、代用になる雨具などの供給はできないか」との相談を受けました。

依頼を受けて私は、すぐさま防護服をつくることにしました。ポンチョのようなずん胴の衣服をイメージしていた私は、企画室のミシンで「貫頭衣」の試作品をつくってみることにしました。生地はアメリカのデュポン社製の「タイベック」を利用することにしました。たまたま翌春生産する予定だったシュラフカバーに使用する素材であり、福島の原発事故現場や、中国やイタリアのコロナ感染現場で目にする防護服の生地と同じものなので、防護性能を満たすと考えたからです。

出来上がったサンプルを住友病院に持参すると、感染制御部の先生から問題点を指摘されました。ずん胴の穴に頭を通せば、脱ぐときに汚染した布が顔面に接触する可能性が高いというのです。

そこで、和装の着物とは逆に背面で重ね合わせる構造にして、首もとの一方の紐《ひも》を背面から前方に引き寄せ、他方の脇下の紐と袈裟《けさ》懸けにして前で結び合わせる構造を考えました。こうすれば背面もしっかり重なり合い、容易に１人で着用することができ、脱ぐときも首もとの汚染した紐を背面に撥《は》ね上げれば、両袖《そで》を引っ張るだけで安全に脱ぐことができます。一見すればチベットやモンゴルの民族衣装にも似ています。洗濯と殺菌の設備があれば、タイベックなら20回程度の再利用も可能です。さっそくこれを、モンベルの国内直営工場で生産することにしました。

この活動をＳＮＳで紹介したところ、たちまち全国の医療機関から「防護服を供給してほしい」との要望が寄せられましたが、手元の生地でつくれる数はわずか６００着、全国の医療現場のニーズに対応することはできません。そこで、建物の壁の断熱防水材として開発された建築用タイベックで代用して防護服２５００着を追加でつくることにしました。

しかし、感染はさらに拡大して医療崩壊の危機さえ報道されるようになりました。

そんな中、中国の協力工場であれば医療現場での実績がある不織布製の防護服がつくれることを知り、6万2000着の生産を依頼することにしました。

時を同じくして、フェイスシールドの要望も寄せられていました。幸い、登山用のゴーグルの製造を依頼している台湾の協力工場がフェイスシールドもつくれるというので4万1000枚の製造を依頼しました。

一方、市中では使い捨てマスクが品薄で、購入したくても手に入らない状況が続くなか、多くのユーザーから「モンベルでもマスクをつくってほしい」との要望を受けてマスクを製造することにしました。素材は登山用のTシャツなどに使用している速乾性「ウイックロン」、二重構造のポケット状のスリットを設けて、ガーゼやコーヒーフィルターなどを挟み込めばさらに密閉性が上がる配慮をして「ポケマスク」とネーミングしました。

マスクの販売価格の半額を「アウトドア義援隊」の支援活動費として防護服やフェイスシールドの製造代金に充当することにしました。

そしてこれらを義援物資として、全国160ヶ所の病院、18ヶ所の公共施設（図書館など）、103の地方自治体、21ヶ所の学校、101ヶ所の山小屋、山岳遭難救助隊、警察、消防など、さらにアメリカ・コロラド州、オレゴン州の医療機関にも無償提供しました。

## 九州南部豪雨災害

梅雨の終盤を迎えた２０２０年７月初旬、九州南部が豪雨に襲われました。熊本県の球《く》磨《ま》川が氾濫《はんらん》して、多くの人命が失われ、家屋の倒壊など甚大な被害が発生しました。

災害発生の翌日、「アウトドア義援隊」第一陣のボランティアたちが人吉《ひとよし》市に入って、泥出し、壁はぎ、天井はぎなど、被災現場で支援活動を始めました。

球磨川でラフティング事業を営むアクロスＡＢＣの渕田《ふちた》代表や、自らも被災しながら地元住民の救援活動を始めていたランドアースの迫田《さこた》代表とも連絡を取り合いながら被災地の支援活動を行うことにしました。

被災地支援はまさに時間との闘いです。

現地ボランティアから、「避難所でのコロナの感染リスク回避が大きな課題となっている」との報告を受けました。

さっそく、避難所内での三密を避けるためのテントやシェルターを支給すべく、第二陣の義援隊ボランティアに託しました。

体育館などの屋内避難所では、感染防止対策だけではなく、女性のプライバシー確保のためにもテント設営が有効であることを、東日本大震災被災地の支援活動を通じて認識していました。

その後、豪雨は地域を拡大して被害を広めました。長崎、福岡、佐賀、大分、鹿児島。さらに岐阜や長野にまで大量の降雨をもたらし、各地で川が氾濫、もしくは堤防の決壊が起こって甚大な被害をもたらしました。

新型コロナウイルスの感染蔓延《まんえん》に追い討ちをかける豪雨災害でした。日常を取り戻すには時間がかかる、長い長い道のりだと覚悟しなければなりませんでした。近年の「異常気象」は、もはや「異常」ではなく「常態化」しつつあります。

「温暖化」への警鐘が発せられて久しいけれど、進行する地球環境の異変を「災害」という形で叩《たた》きつけられていることを実感させられます。

将来を憂えながらも日常の便利さを捨てる覚悟をためらう私たちへの自然による「警告」は年々厳しさを増しているように思えます。

「Never too late.」
問題解決への行動を一刻も早く起こさなければなりません。

【アウトドア義援隊のおもな活動】（モンベルホームページより一部抜粋）

◉阪神・淡路大震災（1995年1月）
駆けつけたボランティアは、慣れない野外生活に戸惑う人たちに、テントの建て方からロープの結び方まで、自分たちの持つノウハウを教えて回りました。
アウトドアで培った経験や知識、そして機能的な道具がいざというときに役立つことを、身をもって実感した活動となりました。

◉新潟県中越地震（2004年10月）
テントや寝袋を提供。交通が寸断され雪下ろしができない家屋に倒壊の危険が迫るなど二次的な被害も深刻だったため、雪下ろしのためのスノーシューなども提供しました。

◉パキスタン地震（2005年10月）
「モンベルクラブ・ファンド」初の災害救援活動として、NGO団体「ヒューマンシールド神戸」を通じて、テントや寝袋、ダウンジャケットなどを被災地へ寄付しました。

◉新潟県中越沖地震（2007年7月）
現地に災害救援のために向かったNGO団体「ピースボート」の方々に寝袋、テント、マット、ジェットボイル®（携帯用バーナー）を提供しました。

◉東日本大震災（2011年3月）
地震発生直後から1か月あまりは、寝袋、テント、防寒着、食料や燃料など約300トンの物資を届ける活動を展開。続いてゴールデンウィーク期間には、民家や側溝の泥出し清掃、河川敷のがれき撤去などを行いました。

◉ネパール大地震（2015年4月）
ネパールの首都カトマンズ近郊で発生した大地震を受け、「アウトドア義援隊」を発足。

被災者支援のための援助金の受け付けや、現地へ支援活動に向かう団体へのサポートを行いました。

◉熊本地震（2016年4月）
地震発生直後には、モンベル南阿蘇店を拠点として、被災された方々へのテント、寝袋、マットの貸し出しを開始。倒壊家屋の片付けやがれきの撤去も行いながら、飲料水や日用品などの物資を配布しました。

◉平成30年7月豪雨（2018年6～7月）
岡山県や広島県で被災された方々に対して、ボランティア団体を通じてTシャツ、防塵《ぼうじん》マスク、セーフティグラスなどの物資を配布。浸水被害にあった住宅で家財道具などの運び出しや片付け作業なども行いました。

◉令和元年台風19号（2019年10月）
長野市と飯山《いいやま》市で、千曲《ちくま》川氾濫によって床上浸水した家屋の片付けや泥出しなどを行いました。また、包括連携協定を締結している長野県に対して、義援金600万円を贈呈しました。

◉新型コロナウイルス感染症対策（2020年4月）
医療機関や各自治体保健所などへの支援を実施し、デュポン社製「タイベック」（シュラフカバーの素材）を使った防護服のほか、使い捨て防護服など6万2000着、フェイスシールド4万1000枚、レインジャケット、シールドグラスなどを提供しました。
また、山小屋運営者の安全のため、医療機関に提供していたフェイスシールドを山小屋へ無償提供しました。

◉令和2年九州南部豪雨災害（2020年7月）
テント、寝袋、マットなどの貸し出し、熊本県に災害避難時用トイレテントを100張寄贈、生活必需品をはじめとする物資の配布、浸水家屋の片付けやがれきの撤去などの活動を開始しました。

ミシンを踏んで防護服のサンプルを縫製する著者

◉アメリカ・コロラド州原野火災（2021年12月）
被災者支援のための援助金の受け付けや、モンベルアメリカの倉庫にて寝袋・ダウンウエアなどの物資の提供を行いました。

◉令和4年8月豪雨災害（2022年8月）
豪雨災害により被災された方々を支援するため、特に多くの被害を受けた秋田県・山形県・福井県に、それぞれ支援金100万円を贈呈しました。

◉令和4年12月豪雪災害（2022年12月）

愛媛県久万高原町《くまこうげんちょう》は記録的な大雪に見舞われ、広い範囲で停電、一部集落の孤立などの被害を受けました。救援要望を受け、雪かきや除雪作業時に着用できる支援物資としてレインウエア30着を提供しました。

◉トルコ・シリア地震（2023年2月）

被災者支援のための援助金の受け付けや現地へ支援活動に向かう団体へのサポートを行いました。

◉令和5年奥能登《おくのと》地震（2023年5月）

被災された方々を支援するため、特に多くの被害を受けた珠洲《すず》市に支援金50万円を贈呈しました。

◉ネパール・ジャジャルコット地震（2023年11月）

公益社団法人アジア協会アジア友の会（JAFS）を通じて、ダウンウエアや寝袋、テント、赤ちゃん用のおくるみなどを提供しました。

◉令和6年能登《のと》半島地震（2024年1月）

被災者支援のための物資の配布や援助金の受け付け、現地へ支援活動に向かう団体へのサポートなどを行いました。

◉令和6年秋田・山形豪雨（2024年7月）

記録的な豪雨により、秋田県、山形県に甚大な被害がもたらされました。被災者支援のための物資の配布や援助金の受け付けなどを行いました。

◉令和6年能登半島豪雨災害（2024年9月）

被災者支援のための物資配布や援助金の受け付けなどを行いました。また、災害支援金を珠洲市へ1000万円、輪島《わじま》市へ500万円、6自治体（穴水町《あなみずまち》、志賀町《しかまち》、中能登町《なかのとまち》、七尾《ななお》市、能登町《のとちょう》、羽咋《はくい》市）へ各200万円寄付しました。

# おわりに

どんな企業も、経済活動をするうえで「雇用」や「納税」など、さまざまな形で社会に貢献しています。アメリカのシカゴで発足したロータリークラブではこれを「Vocational Service」と呼び、「職業奉仕」と日本語に訳しています。

1975年8月、モンベルを起業した当時、私にはそんな高邁《こうまい》な志などありませんでした。ただただ、自分たちがほしい山の道具をつくって生業《なりわい》にすることに喜びを感じていました。しかしその後、事業を広げるなかで、さまざまな社会的使命を担っていることに気づかされました。それは次の7つです。

①自然環境保全意識の向上
②野外活動を通じて子供たちの生きる力を育《はぐく》む
③健康寿命の増進
④自然災害への対応力
⑤エコツーリズムを通じた地域経済活性化

⑥第一次産業（農林水産業）への支援
⑦高齢者・障害者のバリアフリー実現

私はこれを「モンベル7つのミッション」と呼ぶことにしました。

①自然環境保全意識の向上
自然環境を守ることこそ、私たちの最も大きな使命です。健全な自然環境なくしてアウトドア活動は存在しません。美しくも、時には厳しい自然環境に身をおくことで、人もまた自然の一部の存在であり、自然に生かされていることに気づかされます。

②野外活動を通じて子供たちの生きる力を育む
アウトドア活動を通じて、人の生きる知恵や勇気が育まれます。どんなに小さな「冒険体験」の中にも未知への挑戦心と危機管理能力が求められます。とりわけ、子どもたちの自然体験はその後の人間形成に大きな影響を及ぼすと考えています。モンベルは「川の学校」をはじめ、子どもたちの野外体験を応援しています。

③健康寿命の増進

日本人の平均寿命が年々上昇していることは喜ばしいことですが、病院のベッドの上ではなく、寿命をまっとうする間際まで元気に生活することが、人生の質「Quality of Life」を高めます。

大阪府の南部に位置する金剛山の登山口で豆腐店を営む松本《まつもと》元《ち》千早赤阪《はやあかさか》村村長が、「毎日登山を楽しまれているお年寄りと挨拶《あいさつ》を交わした3日後、その方のお葬式が営まれました。山歩きはまさに健康寿命増進の特効薬ですね」とお話しくださいました。

④自然災害への対応力

1995年に発生した阪神・淡路大震災以来、モンベルは「アウトドア義援隊」を結成して被災地支援を行ってきました。東日本大震災や熊本地震への支援活動を通じて、衣食住を支えるアウトドア用品やアウトドア体験が、サバイバルをかけた災害時の対応に役立つことが実証されました。

とりわけ緊急避難時の生活を支えるテントや寝袋、クッキングストーブなどのキャンピング用品は現場で即戦力として役立ちます。モンベルはこれらの災害への備えを地方自治体と協力して提案していきます。

⑤エコツーリズムを通じた地域経済活性化

鳥取県大山町《だいせんちょう》を皮切りに、北海道 東川町《ひがしかわちょう》、山梨県富士吉田市《ふじよしだ》、熊本県南阿蘇村などの自治体の要請でモンベル直営店を開設してきました。

少子高齢化が進む地方の財産である自然環境を活用した「エコツーリズム」で地方経済を活性化させる大きな可能性を実証しつつあります。

「エコ」と「ツーリズム」は、「自然環境の保全」と「利活用」の繊細なバランスが問われ、節度ある開発によるアウトドア観光ビジネスを推進することが前提となります。これによって自然環境資源を守りつつ地域経済に寄与することになります。

⑥第一次産業（農林水産業）への支援

多くの農家が離農するなか、日本の食料自給率への懸念が叫ばれています。モンベルは地域と「フレンドエリア」の提携を進め、地域の生産者から直接モンベルクラブ会員のみなさんに安全安心な食材を安価にお届けする「フレンドマーケット」を提案しています。一方で、若者や女性にも「おしゃれで快適」に使ってもらえる農業ウエアの開発を進めています。

さらに、荒廃する森の再生を促す活動の支援として、アウトドア用品のノウハウを生かして安全で快適な作業用品の開発を進めています。

⑦高齢者・障害者のバリアフリー実現

30年近く前、ポリオによる障がいを持った若者から「辰野さん、カヌーを教えて」と声をかけられました。一瞬の戸惑いはありましたが、水上で活動するカヌーこそ、障がい者にとって新たな可能性を開くのではないかと気づかされました。さっそく、奈良市の「社会福祉法人青葉仁会」と共同で障がい者カヌー教室を開催しました。いつか、国体やオリンピックで障がい者が健常者と互角に競い合う日が来ることを想像しました。

さすがにオリンピックはいまだハードルは高いですが、先のリオ・パラリンピックでカヌーが正式種目として加えられ、瀬立《せりゅう》モニカさんが入賞を果たしました。

これら「7つのミッション」を機軸に、モンベルはこれまで以下の地方自治体や大学、企業など159もの団体との間に「包括連携協定」をすでに締結しています。そしてその輪はさらに広がり続けています。

とりわけ「防災」や「エコツーリズム」の分野で、それぞれの自治体や企業が連携しあい、災害時の対応や、地域経済の活性の共助をはかることが期待されています。

包括連携協定締結団体（2025年1月現在）

・府県（13）

三重県　長野県　鳥取県　熊本県　高知県　山形県　秋田県　福井県　福島県　愛媛県

京都府　山口県　埼玉県

・市町村（122）

仙北市　大野市　長浜市　大山町　駒ヶ根市　那珂川市　加美町　まんのう町　小谷村

小清水町　江田島市　秦野市　富士吉田市　妙高市　長門市　東川町　西条市　南阿蘇村

立山町　長瀞町　生駒市　備前市　有田川町　菊池市　南さつま市　串本町　厚木市　伊

勢原市　愛川町　清川村　国東市　網走市　小鹿野町　諏訪市　伊豆の国市　遊佐町　南

富良野町　亀岡市　西目屋村　山形市　美郷町　吉賀町　大村市　北見市　大空町　にかほ市　大町市　鏡野町　隠岐の島町　韮崎市　本山町　宍粟市　邑南町　赤穂市　北本市　周防大島町　気仙沼市　飯山市　美祢市　留萌市　山口市　美幌町　只見町　坂町　桜川市　長井市　大子町　阪南市　箕面市　木古内町　佐久穂町　楢葉町　泉佐野市　由利本荘市　甲州市　三春町　磐梯町　柳津町　会津若松市　喜多方市　北塩原村　西会津町　猪苗代町　会津坂下町　湯川村　三島町　金山町　昭和村　会津美里町　安曇野市　飛驒市　矢掛町　五條市　雫石町　東近江市　岩泉町　佐渡市　北秋田市　奥州市　鳴門市　芽室町　釧路市　球磨村　西川町　糸魚川市　常陸大宮市　八峰町　むつ市　大間町　東通村　風間浦村　佐井村　天理市　海士町　西ノ島町　知夫村　山武市　芝山町　横芝光町　みどり市　赤井川村　黒滝村

・公的機関（4）

網走刑務所　駐日パラオ共和国大使館　国立青少年教育振興機構　法務省

・企業（4）

日本航空株式会社　北海道旅客鉄道株式会社　小学館『サライ』　小学館『BE-PAL』

・教育・学術団体、医療機関等（15）

天理大学　京都大学霊長類学・ワイルドライフサイエンス・リーディング大学院　日本モンキーセンター　京都大学フィールド科学教育研究センター　きつこう会　大阪国際学園　関西大学　洛和会ヘルスケアシステム　武庫川女子大学　千船病院　北海道大学 産学・地域協働推進機構　筑波大学山岳科学センター　奈良県立医科大学　ＭＢＴコンソーシアム　びわこ成蹊スポーツ大学

・海外（１）

ツェルマット（スイス）

環境問題や過疎、地域経済格差など、今日わが国が抱えるさまざまな課題の解決策を考えるうえで、アウトドア事業活動を通じた「モンベル７つのミッション」こそ、そのキーワードだと確信します。

より良い社会の実現のため、次の世代を担う子どもたちのため、微力ながらお手伝いができれば幸いです。

辰野　勇《いさむ》

本書は、二〇二〇年一一月に小社より刊行された単行本『自然に生きる力　24時間の自然を満喫する』を加筆修正・再編集・改題し、新書化したものです。

**辰野　勇（たつの・いさむ）**
株式会社モンベル創業者、代表取締役会長兼CEO。登山家。
1947年大阪府生まれ。少年時代、ハインリッヒ・ハラーのアイガー北壁登攀記『白い蜘蛛』に感銘を受け、山一筋の青春を過ごす。69年アイガー北壁日本人第二登（当時世界最年少）を達成。70年日本初のクライミングスクール開校、75年登山用品メーカー・モンベル設立。91年日本初の身障者カヌー大会をスタートさせるなど社会活動にも力を注ぐ。東日本大震災では、阪神淡路大震災以来の「アウトドア義援隊」を組織しアウトドアでの経験を活かした災害支援活動を指揮。京都大学特任教授、天理大学客員教授。著書に『軌跡』（モンベル ブックス）、『モンベル 7つの決断』（ヤマケイ新書）、『辰野勇　モンベルの原点、山の美学』（平凡社）などがある。

# 自然《しぜん》に生《い》きる
## 不要《ふよう》なものは何《なに》ひとつ持《も》たない

辰野《たつの》　勇《いさむ》

2025年 5月 10日　初版発行

発行者　山下直久
発　行　株式会社KADOKAWA
〒102-8177　東京都千代田区富士見2-13-3
電話　0570-002-301（ナビダイヤル）

装 丁 者　緒方修一（ラーフイン・ワークショップ）
ロゴデザイン　good design company
オビデザイン　Zapp!　白金正之
印 刷 所　株式会社暁印刷
製 本 所　本間製本株式会社

角川新書

ISBN978-4-04-082539-7 C0295

KADOKAWAの新書 好評既刊

## ブラック企業戦記
トンデモ経営者・上司との争い方と解決法

ブラック企業被害対策弁護団

コンプライアンスの概念が浸透した現代社会にあってなお、ブラック企業はその間隙をぬって現れる！　労働被害の撲滅に取り組む弁護士たちが出合ってきた想像の上をゆく驚きの事例を紹介し、解説も添付。自分の身を守るための必読の書。

## 小牧・長久手合戦
秀吉と家康、天下分け目の真相

平山　優

信長亡き後も続いた織田政権。しかし内部分裂によって、織田家筆頭の信雄と同盟者の家康、織田家臣ながら有力者の秀吉による合戦が勃発した。秀吉の政権を成立させ、家康の天下取りの起点にもなった、真の「天下分け目の戦い」の全貌が明らかに。

## 象徴のうた

永田和宏

日本史上初めて、即位のときから「象徴」であった平成の天皇。激戦地への慰霊の旅、被災地訪問などを通して、象徴のあり方を模索してきた。当代随一の歌人であり、両陛下ともゆかりの深い著者が、御製御歌にあふれる思いと背景を読み解く。

## AIにはできない
人工知能研究者が正しく伝える限界と可能性

栗原　聡

ChatGPTを始めとする生成AIの万能性が人類への脅威としても論じられているが、現在のAIは決して万能ではない。人工知能研究の専門家が、AIの「現在の限界」をわかりやすく解説し、その先にある「次世代AIの可能性」を探る。

## 駿甲相三国同盟
今川、武田、北条、覇権の攻防

黒田基樹

東国戦国史上、最大の分岐点となった、駿河今川・甲斐武田・相模北条の三大名による攻守軍事同盟。世界でも稀有な同盟の成立から崩壊までの全軌跡を、日本中世史研究の第一人者で大河ドラマの時代考証者が、研究成果を基に徹底検証。